準備が整った人に、奇跡はやってくる

ウエイン・W・ダイアー
渡部昇一 訳

三笠書房

「奇跡」とは
どのように自分の道を選ぶか
どのように自分の心を使うか
そして
「自分の心の使い方次第で世界が変えられる」と
どれだけ信じられるか
――その結果です。

あらゆる行動のはじまりは考え方一つ――
このことを忘れてはなりません。

もくじ

序章

奇跡は待つより、自分から起こすもの

1章

「過去どうだったか」ではなく、「今、なにができるか」

2章

「なりたい自分」って、なんだろう

3章

「描いた夢」に、こんなブレーキをかけてはいけない

4章

まるでドラマのような奇跡

5章

これから手に入る富に、限界はない

6章

「自分らしい才能」を輝かせるために

7章

「心」が整った人の「からだ」は生まれ変わる

8章 奇跡の力を知った瞬間、目の前の世界が楽しくてしかたがない！

序章

奇跡は待つより、自分から起こすもの

真の空想家は、簡単に中途でサジを投げ出すような弱い人間ではない！

――ナポレオン・ヒル（思想家）

人生の大切なことは〝自転車乗り〟のコツにある！

この本は、他の誰の奇跡についてでもない、今、この本を手にとっているあなたの奇跡に関する本です。人生に、自分自身でどのような奇跡を生み出すことができるか、これを明らかにするのが本書の目的です。

もちろんここに書かれているのは、運勢についてでもなければ、過去に奇跡を成し遂げたひと握りの天才のお話でもありません。今まで自分が不可能と思っていた物事が、どのようにすれば可能になるのか、その方法を示していきます。

著者の私自身が人生の中で現実に奇跡がやってくる方法を考え、奇跡に満ちた創造的な人生をおくるにはなにが必要かをつぶさに検討してきました。今では、私にとって**奇跡は、〝起きると信じる〟ものではなく、〝わかっているもの〟**だといえます。

ここでいう〝わかっている〟とは、誰もが体験したことがあるものです。

何カ月ものあいだ自転車に乗らなくても、いざ乗ったときには、過去に覚えたことを自然に思い出している。タイヤに空気を入れてこぎ出せば、細いタイヤの上で、からだはうまくバランスを保つ。からだも心もまったく緊張することなく思う存分走ることができる――。

きちんとバランスをとろうと目標を立てているわけでもないし、自分は乗ることができるのだと信じているわけでもありません。ただ内側で〝わかっている〟のです。

これとまったく同じことが、奇跡にもいえるでしょう。信じたり目標を設定したりするレベルではない、もっと高い、新たな場所――自分の中にある〝わかっている〟という場に進めばいいのです。奇跡を生み出すのはまさにそこなのです。

「なりたい自分」にチャンネルを合わせる

人の奥深くには、無限の可能性を持った場所が存在します。

ここにたどりつくことができれば、奇跡を生み出すことはたやすく、現実の世界で自分が求めていることのすべてを実現させることができます。

この場所に限界は存在しません。ここにいれば、自分がつねにあるべきとき、あるべき場所に正確にいると感じることができます。

さまざまな人と〝信じられないような関係〟を結べるところでもあり、必要なときに必要な人と出会うことができる場所でもあります。

人生に成功と物質的な豊かさをもたらすのに必要な人も物もすべて、ここに現われ、体調を崩したときに癒してくれる正しい処方箋《しょほうせん》もここに浮かびます。また、必要な本や資料が、まるで目に見えない神秘的な力で引き寄せられてくるとすれば、それはあなたがこの場所にいるからに他なりません。

この高い意識の世界では「謎」は姿を消していき、人生の目的はとてもクリアに見えます。

また、人間関係はぬるま湯的な関係でなく、精神的に支え合う新しい段階へと変化を遂げます。仕事の上でも自分の努力が「流れるように進行」しはじめるので、しだいに迷わず決断を下せるようになるでしょう。

また、からだの毒素も抜けていくので、肉体的にもずっと健康になっていくのです。

この高い意識レベルをつくり上げるにはどうすればいいか。

それを示すことが本書の目的です。

鉱物や植物、そして動物の意識レベルとは異なり、人間には「選択する」という究極の意識があります。

私たちは低い意識レベルでただ生きる――食べたり飲んだり眠ったり、あるいは社会の一員として、最低限のことをしていくこと――だけを考えることもできます。

しかし一方で、もっと高い意識レベルへと移行することもできるでしょう。

環境を乗り越えて、自分自身の世界――つまり、本当の奇跡の世界をつくり出すのです。

私たち一人ひとりの奥底には、物質的世界を凌駕《りょうが》する、究極の意識があります。それは**「どんな環境においても心の平静を見つけ出す能力」**。

本書のいいたいことはシンプルです。

「人は精神の完全な平静を達成することができる」ということ。そのためには、自分自身が覚悟を決めて内なる変化を起こしていかねばなりません。

ここでいう〝内なる変化〟は、知性や科学といった側面からアプローチしても手に入れることはできません。むしろ、これは精神や魂が行なう仕事です。

人には目に見えない部分がつねに存在しているのですが、五感でとらえられる部分に心を奪われて、その大切な部分を無視していることがとても多いのです。

アメリカの宇宙開発プログラムが始まったころ、ヴェルナー・フォン・ブラウン博士は宇宙センターの職員たちに対して「知っておくべきこと」として次のようにいいました。

「宇宙には完璧な秩序が存在している。そして、人類だけがその秩序を理解することができる。その秩序を理解することこそ人類にとってよいことなのだ」

この考え方は、解決不可能に思える難題にぶつかったとき、とても心強い味方になりえます。人類の一員である私たちは、この完璧な秩序を理解し、その秩序に自分自身をゆだねることができるのですから。

これが「人生に奇跡を起こす」ということの実相なのです。そしてこれを、あなたにもぜひ体験していただきたいと思うのです。

「見違えるような自分」に出会うとき

さて、この秩序を理解するには、**自分自身のもっとも高い意識状態に到達しようとする強い意志**が必要です。本書で語られることは、とてもパワフルな心の旅のようにも思えるかもしれませんが、実際に、魔術的ともいえる力が現実の物質世界に影響を与えていくのです。

しかし、高い意識状態を求め、発見するのはあなた自身。私の言葉が、その奇跡を実現するのではありません。私の書いたことをあなたが実際に体験してはじめて実現するのです。

この目に見えない心の旅は、たとえばこんな新しい認識へと導いてくれるでしょう。

・自分には限界がある↓究極の現実と自分の可能性は無限
・自分は遺伝、環境、運に支配されている↓自分の現実をつくり出すのは自分。先天

的な能力や天の力は、自分と切り離されておらず、ともに力を合わせて働く

・知識や経験は五感を通してのみ得られる↓高い意識状態に到達すれば、本能的な目に見えない力に導かれていく

・世の中には自分より幸福な人々がいる↓自分の幸運は自分でつくり出すことができる。すべての経験は貴重な学びである

・人生は混沌《こんとん》としている↓混沌にも秩序がある。完璧な秩序に支えられている宇宙には偶然はない

これらを見て衝撃を覚える人もいるでしょうし、「そんなわけがあるものか」と、拒絶する人も大勢いるのはわかっています。しかし、ここに書いたことはすべて、私が人生で実践している真実なのです。

こうした考え方を自分の中にとり入れ、実際に働かせていきましょう。

まずは自分自身の生活の中で、次に家族や知人のあいだで、そして最終的には全世界へと広げていってほしいのです。

そうしたとき、この本はおおいに役立つはずです。

1章

「過去どうだったか」ではなく、「今、なにができるか」

臆病でためらいがちな人間にとっては、いっさいは不可能である。なぜなら、いっさいが不可能なように見えるからだ。

——ウォルター・スコット（作家）

勇気を出して「一歩、踏み出した先」で見えてくること

人生を一枚の織物にたとえるなら、過去を振り返ってみたとき、一カ所として不必要であったり、不完全だったりするところはありません。

私は自分の人生をそう考えています。

また、私が知るかぎり、成功して本当に幸せな人生をおくっている人々はみな、たんなる災難というものはないと思っています。

そういう人たちは、いわゆる事故と見えることでさえ、宇宙全体の目的にしたがったものだと考えています。つまり、**偶発的に見える出来事も、すべて自分が一歩高く進むための階段**だと考えているのです。

自分の人生体験をすべて美しい織物の一部として、あるいは自分が高い意識へ向かうための旅の一場面だと考え、今一度人生を見直してみましょう。そのために、次にあげる道を想像してみてほしいのです。

◆第一の道：「なぜ自分だけがこんな目に?」から脱皮する

精神的、金銭的あるいは肉体的につらい状況が生じたとき、人は「なぜ、自分がこんな目に?」と思うもの。しかし、それを乗り越え、振り返ってみたときに、「なぜ、自分があのような困難な道を通らなければならなかったのかがわかる」のです。それが、今より価値ある人生へ一歩前進するということです。

これには年齢は無関係。事あるごとに「なぜ私ばかりが?」とくり返している人は、せっかくの苦難からなんのメッセージも受けとっていません。これでは、すばらしい奇跡は起こるはずもなく、一生、非生産的な堂々めぐりが続くでしょう。

◆第二の道：よい「結果」を生み出すことに集中する

第一の道を認め、苦難から学ぶことを知った人は、「なぜ私が?」ではなく、「偶然などというものはない。私が今体験していることは、すべてなんらかの点で私が次の段階に進むのに必要なんだ」と悟り、さらに「今なぜこんなことが起きたのかはわからないけれど、この体験からなにを引き出せるか」と自問するようになります。こうなれば、人は自分の不運を呪《のろ》うレベルからは完全に脱し、よい結果を生み出すことに意識を集中させることができます。

そして、結果に向き合って生き、一つ結果を出すことができると、次はもっと大きな結果を追い求めるようになるのですが、ここでまだ本物の奇跡が生まれることはありません。じつはさらに「第三の道」が必要なのです。

✦第三の道：一生をかけて追求できる「目的」

人には大きな使命があると知ること。**一生をかけて追求できる「目的」を持っている人ほど、困難に耐え、それに打ち勝てる人はいません。**そして「使命」とともに歩みつづけること。これが人生に奇跡を生みはじめる第三の道なのです。

万物には例外なく使命があって、あなたもその万物のうちの一つに他なりません。「本当の奇跡」を体験するには、ものの見方を「結果志向」から「目的志向」へ、ガラリと変えねばなりません。

この新しい考え方に納得できるかどうか。もし、まったく不合理だと思うなら、第一、あるいは第二の道に後戻りするしかないのです。

過去のすべては〝必然〟

目的を持って歩みはじめるにあたって、まず「永遠」ということについて考えていきましょう。肉体は有限ですから、永遠を経験することはできませんが、人は永遠の概念をどこかでわかっているものです。

それは「思考」「意識」「魂」などと、いいかえてもよいかもしれません。

この無限の想像力を体感するトレーニングをご紹介しましょう。

まず、すべてのものは宇宙の叡智《えいち》の一部として存在していると想像してみます。

次に十年前の自分をくわしく思い出してみてください。

どんなことを考え、どんな服を着て、なにを感じ、誰に愛されていたか。そのとき体験したことが、現在の自分をどれほど形成しているでしょうか。

そして、次にさらにその十年前に遡《さかのぼ》ってみましょう。

当時の経験や、思いの一つひとつが、以降の自分にどのように影響しているでしょうか。これを今日の自分にたどりつくまで思い出してほしいのです。

この精神的なトレーニングを行なうことで、自分の内面を深く見つめたり、瞑想したりする能力が高まります。

そして、さらにその十年前の経験についても同様に、とくり返していくと、最終的には幼児期の記憶まで遡ることになると思います。素直に振り返って考えてみれば、すべての体験が現在の自分につながっていることがわかってくるでしょう。

そうした一つひとつの経験を判定し、好きだ嫌いだ、あるいは認める認めたくないというふうに批判しようというのではありません。

あなたがその時点で体験したり考えたりしたことは〝必然〟でした。

すべてが目には見えない形で縒《よ》り合わさり、現在のあなたが存在します。

そして、これは変えようがないのです。

人生は、永遠の中の幕間劇《まくあいげき》のようなもの。

あなたが生きて考えているあいだ舞台は上演されており、死の瞬間に幕は閉じ、ふたたび永遠の中にとり込まれていきます。

人間は、なぜ目に見えない永遠から肉体の形をとって現われ、一定期間の後に、永遠に戻るのか——このことをいくら思考しようとも、今私たちが実際に存在しているということだけが確かなのです。

しかし、そのような儚《はかな》い人生のうちに、大きな使命を認めたとき、つまり「目的」を見出したときに、それまでの世界観は音を立てて崩れ、新しい見方が生まれます。

もう人生に疑いを抱くことはなく、大きな目的に向けて考え方や行動がすべて一致してくるでしょう。

「なぜ自分ばかりにこんなことが起こるのか……」と嘆くのではなく、すべてを、静かにあるがままに受け入れられるようになります。

物理的な成果や物質にこだわらなくなるので、今の自分が生きてこうしていることに、心の底から喜びを感じられるようになるでしょう。

インドの師、サイババはこういいます。

「人の欲望は、その人間のポケットのコインと同じだ。持てば持つほど重くなる」

いったん目的に向かう旅に出た人は、すでに本物の奇跡の領域に足を踏み入れたのと同じなのです。

「用意ができたときに師は現われる」

禅には、「用意ができたときに師は現われる」という教えがあります。

つまり、本人に準備ができていなければ、すべては無意味でしかないということでしょう。これについては、次の4つのキーワードで説明ができます。

▼「生徒」――学ぶ者となりましょう。新しいものを受け入れる余裕をつねに持ち、すべての人がみな、わが師だと心から考えましょう。

▼「準備」――貪欲《どんよく》に学びましょう。あらゆる物事、つまり師がなにをいっているのかを一生懸命受けとりましょう。準備を整えるには、心から純粋にそれを求めている状態になることです。

▼「師」――意志が生まれたとき、手を差しのべる師が現われます。師はいたるとこ

ろにいて、ふと目にした新聞の記事や、子どもの質問に答えた自分の言葉という場合もあります。

▼「出現」——「師はどのように現われるのか?」という質問への答えは、「これがそうだ」と感じる以外にありません。たとえば死にかけた虫を見て、自分の中に同情心がかき立てられるように、それは起こるべくして起こります。

人間は離れ小島のような存在ではなく、あらゆるつながりを持ちながら、旅をしています。必要な助けはすべて得られます。

目的に向けて自分を解放したときに、これまで自分が設定していた限界を超える能力が備わってくるのです。

「信じる」のではなく、「実感する」

私がいう「奇跡」は錬金術《れんきんじゅつ》ではありませんし、死者をよみがえらせることもできません。

奇跡を起こす対象は、「自分の能力」なのです。

なぜ、自分にはできないと、自分で限界を設けているのか。その理由はなんなのか。それをしっかりと調べてみることが先決です。

本当の自分は、目的を持ち、そこへ向けて精いっぱい努力していく過程で完成されると信じましょう。

本書を読み進めば、ただ「奇跡」の存在を信じるのではなく、自分のからだで実感することができるようになるでしょう。そうしてはじめて、今まで不可能と信じていたことが可能になっていきます。

スタートは「7つのビジョン」から

奇跡の力を身につけるには、その柱となるポイントが存在します。

次の7つのポイントをいつも心に留めておくだけで、自分の中の奇跡の力を引き出す助けとなるはずです。

✦自分の中の〝見えない力〟を信じる

人間の肉体を含むこの宇宙には、目に見えない生命力があふれている――このことにもっと意識を向けてほしいのです。

バラがバラとして、カブトムシがカブトムシとして生きているのも、惑星が一定の規則で運行しているのも、そしてあなたがあなたであるのも、すべては同じこの宇宙の知恵のなせるわざでしょう。

この知恵に、境界や次元は存在しません。

思考や想像、夢、空想、感情に境界や次元が存在しないのとまったく同じなのです。この宇宙の生命力は人間の一部であり、決して死ぬ（＝尽きる）ことがありません。というのも、死は終わりを意味しますが、終わりとは、かぎりがあってはじめて成り立つものだからです。とにかく、このパワフルで神々《こうごう》しい、しかし、目には見えない力が自分の中にあるのだということをまず知り、全面的に信じること。これが先決です。

✦人生は〝考えているスケール〟で決まる

思考はあなたの中で生まれ、あなたの人間性を形づくります。過去も未来も、この思考の中にあります。

思考こそ、健康や財産はもとより、自分の世界の細部までをつくり出す担《にな》い手です。人は、その人が思考、つまり想像している人生をおくるだけなのです。

なにも想像しなくなったり考えなくなったりすれば、現実世界に積極的にかかわることもなくなってしまうでしょう。

今の自分の考えが、自分の人生をいかに奇跡と程遠いものにしてしまっているか。目覚めた人生への一歩を踏み出すにあたって、このことをじっくり考えてみましょう。よくよく考えてみてはじめて「なんだ、正反対の考え方だってできるじゃないか」とわかるものです。奇跡は誰にでも起こりうるのですから、あなたが体験したって不思議ではありません。

✦自分の限界は〝心のくもり〟の産物にすぎない

今、限界だと思い込んでいることは、これまで教えられてきた考え方の産物にすぎません。

これは論理的で科学的な考え方かもしれませんが、現代ではみなが知っているミクロの世界だって、顕微鏡が発明されるまではほとんどの人が信じていなかったということを思い出してください。

人は目に見えるもの、科学的に証明できることだけを信じますが、科学的とは、その時代の人間の発達レベルをいうにすぎません。

いつか私たちは、地球上を分単位で一周することができるのでしょうし、惑星間の旅も現実となるのでしょう。その可能性はすでにここに存在します。ただ技術が不足しているだけなのです。

この可能性を今信じるか。科学の発展を目《ま》の当たりにするまで信じないか。

ほんの半世紀前は、テレビのリモコンスイッチも、オンラインで映画を見ることも、電子レンジが各家庭に備わっていることも、ありえないことでした。

しかし、そうした奇跡を生む可能性は大昔から存在していたのです。この半世紀に技術の発達が追いついただけのこと。
心は無限――このことをしっかりと受け入れてください。

✦今、自分は奇跡の途上にいる

宇宙全体は知恵の体系を成しています。

肉体という宇宙は、驚くほど完璧に動いている数多くの体系から成っており、これもまた知恵の体系です。思考や感覚などといった目に見えない部分も、自分の中の知恵の体系の一部です。

自分自身が知恵そのものなのです。切り離すことはできません。

そして、人には生きる目的があります。選んだ分野がなんであろうと、その分野で奇跡を生み出すことのできる道の上にいると知ること。

ただそのことを自覚しましょう。

✦「過去の自分」とはきっぱり手を切る

自分の弱点についていくら考えても、弱点はなくなりません。

また、今までの自分の自滅的な行動を克服しようとどんなにがんばってみても、内面に調和がもたらされることもありません。

では、どうすればいいのでしょうか。

方法はただ一つ。

弱点を自分の後ろに置き去りにして、新しい自分へと続く扉を通り抜けていく以外にありません。

そのための第一歩として、まず思考の中で踏み出しましょう。

今まで自分がかかわってきた、**ありとあらゆる問題から、すっかり自由になった自分**を思い浮かべてみましょう。そして、今までのような自滅的なパターンにおちいることのない、これからの自分を思い描くのです。

次に〝私は変われない〟といった考え方や、そうした考え方を裏づけるような行動は捨ててしまいましょう。

そして、後ろを振り返り、「もうあんなふうに生きることはない」と、冷静に眺めている自分を想像するのです。これができてはじめて前へ進むことができます。

「できること」にもっと頭と目を向ける

「自己欺瞞《ぎまん》的になりましょう」というわけではありません。

不可能なことにずっとしがみついているのではなく、可能性に大きな道を開いてほしいのです。この時点では、心の中のイメージを変えるだけでいいでしょう。現実の生活を変える必要はありません。

これまでにさまざまな奇跡を生み出してきた宇宙の力は、今も健在です。過去に奇跡を実現した人々のパワーは、今、この瞬間にも満ちあふれています。「ひょっとしたら自分にだってできるかもしれない」と自分の内側で思えるまで、心をオープンにすること。

まず心の中で可能だと思う――それができなければ、可能性も拓《ひら》けません。

「論理のカゴ」にとじこめない

「論理的、合理的でないことに頼るのは、落ち着きません」という人もいるかもしれません。

しかし世の中には、論理や科学的証明とはまさに無縁のレベルが存在します。

「科学的であること」にこだわる人にちょっと考えてもらいたいのは、思考や夢や感覚は、触れることも見ることも嗅ぐこともできませんが、それでもそうしたものが存在することはわかっているということ。

まさに自分の中に存在するとわかっているものが、論理や証明とはなんの関係もない次元にある、というのはおわかりいただけるでしょうか。

ミクロの世界が、顕微鏡が発明されるまで証明されなかったのと同じように、魂の存在も、〝顕魂鏡〟が発明されるまで証明されないでしょう。

ところが、魂の奥深くのレベルのなにかしらが、私たち人間の一部を成していることは、なんとなくわかっているものです。

自分の目で見るまでは信じないという人は多いのですが、信じるからこそ見えてくる・・・・・・・・・・ることもあります。

大洋よりもいっそう壮大なものは大空である。
大空よりもいっそう壮大なものは人間の心である。
——ヴィクトル・ユーゴー（作家）

2章

「なりたい自分」って、なんだろう

アインシュタインの想像力

私たちは証明できるもの、つまり、頭で理解できるような物事だけを信じるよう教えられ、育ってきましたが、奇跡は理性では理解できないものなのです。

したがって、すばらしい奇跡の世界へ入るには、どのようにすれば理性を超えた精神的な次元に到達できるかを学ばなくてはなりません。

見えない世界を一度でも体験すると、物質的な見える世界にも大きな変化が起こってきます。何よりも、精神の世界はつねに自分とともにあると実感できるので、豊かな気持ちで暮らすことができます。魂には時間も場所もなく、肉体の死を超えるものだとわかれば、精神的に大きな違いが出てくるのです。人間関係も、ずっとすばらしいものへと変化してゆくでしょう。

この内なる見えない世界とは、つまり、私たちの**「想像力」**です。詩人であり科学者でもあったアルバート・アインシュタインは、「想像力は知識よりずっと大切だ」

といっています。

私たちに多くの感動や影響を与えた人々の一生をひもといてみれば、そこに共通の特徴があることに気づくはずですし、すべての賢人は、精神的な資質を第一に、肉体的な自己はそれに付随するものとして人生をおくっているのです。

キリスト教、仏教、ユダヤ教、イスラム教など、宗旨《しゅうし》の違いを超えて、偉大な師は例外なくスピリチュアルな人々。彼らのメッセージはどれも似ていて、「内省しなさい」「目には見えない気高い自分自身を発見し、神とは自分の中にある愛であることを知りなさい」ということです。

こうしたスピリチュアルなリーダーたちはみな、奇跡のつくり手でした。彼らのメッセージは何世紀にもわたり、人々の心に受け継がれてきたはずなのです。

ところが人間は実際には、敵対し傷つけ合わねばならないようなシステムを増大させ、戦争で互いを引き裂くことばかりに熱中しています。

なんと皮肉なことでしょう。

スピリチュアルに生きることとは、奇跡を起こし、すばらしい喜びを知ることと同意です。スピリチュアルなことから距離を置き、自分を切り離して、〝肉体のみ〟で生きている人とのあいだには、決定的な違いがあるのです。

この両者にどのような違いがあるのでしょうか。

「古い自分」から抜け出す方法

ここで改めて、スピリチュアルな人とスピリチュアルでない人の定義を確認しておきましょう。

私がこの言葉を使うときには、宗教的志向がその人にあるかないかはまったく関係がありません。

スピリチュアルな人とは、物理的な次元だけでなく、目に見えない魂のレベルへの自覚を持っている人のこと。スピリチュアルでない人とは、物理的世界にだけ生きている人のことを示しています。

もちろん、スピリチュアルでない人は悪だといって、断罪するつもりはありません。

しかし、次に述べることを、人生にすばらしい奇跡を呼び込むために身につけてほしいのです。

✦「五感」を超えた感覚

スピリチュアルでない人は、見たり聞いたり味わったりと、五感で体験するもの以外は存在しないと思っています。つまり、この物理的世界に制約されているということです。

一方、スピリチュアルであろうとすればするほど、目に見えない世界を意識しながら生活するようになります。五感を超えた感覚を持ってこそ、自分は肉体を持った魂であり、魂は物理的世界に支配されない無限のものであることがわかるのです。

✦〝孤軍奮闘〟に別れを告げる

スピリチュアルでない人にとって、自分の人生は一度かぎりでしょう。自分に手を差しのべてくれる守り神など、どこにも存在しないと考えています。そして、神や超自然的存在を語るときは、自分の内にある愛すべき普遍的な力としてではなく、いつか自分を裁く恐れるべきものとして考えています。

しかし、スピリチュアルな人は、自分は魂を持った肉体というより、肉体を伴った魂であると信じているので、自分の中の目に見えない永遠の部分が、いついかなるときも助けになってくれると考えています。

彼らにとってこの世は、より深い愛のレベルへ到達するために、学んだり成長したりする場であり、リラックスした気持ちで毎日を過ごしています。目に見えない精神的な力に導かれることが当たり前なので、自分は一人ではないとわかっています。だからこそ、奇跡の訪れを確信できるのです。

〝外側〟でなく〝中身〟に耳を傾ける

戦争のための軍事力をはじめ、法の力、組織の力、経済のシステムなど、物質的世界をコントロールしているさまざまな力は「外側の力」です。

そして、これらの支配力が唯一およばないのが人間の心の内側です。

スピリチュアルでない人は、自分の外側の力にだけ意識を向けています。それ以外の道は見えないので、賢者がいくら精神的な言葉を述べても届きません。つねに戦争の準備をしていないと気がすまない者もいるほどです。

一方、スピリチュアルな人が考えることはただ一つ、自分自身と他の人々が、どうすれば高い意識レベルへ至る力を持てるかということだけです。ですから、力で他人に勝つことに興味はありません。

スピリチュアルな人にとっては、**違う意見の人々とともに生きていけるのだと知ることが真の力**となるでしょう。

このことがわかれば、意識の焦点は外から内へ、個人的な力へと移行します。相手が自分をだますのではないかという疑いの気持ちはなくなり、実際にそうした相手と出会うこともなくなります。

自分の力を誇示する必要もなくなるので、他の人々に力を貸す機会が増えるでしょう。その段階に至れば、他の人にはなにも求めなくてすむようになります。

プライドが高いとか、有能であるという意味ではなく、自分自身こそが自分の精神的な光だと知っている——これがスピリチュアルな人の道なのです。

外側の力に救いを求めることをやめ、自分の魂と歩調を合わせたとき、はじめて「人生の奇跡」への準備が整います。

✦出会う人すべては「自分の分身」

人間は、自分が他の人とへだたりがあると感じると、それまで以上に自己中心的になり、他人を顧《かえり》みなくなるものです。

スピリチュアルでない人は、自分が手に入れていないものを他の人が手に入れようとしていると、その前にその人をやっつけなくてはならないと思うことさえあります。

つねに他の人々を見かけや行動で分類したり、判定を下したりしながら、相手に対する接し方を決めています。無視する口実を見つけたり、あるいは利益のために好意的に接したりして、結局は自分の内側に深い葛藤《かっとう》が生まれてしまいます。

「自分を愛するように他人を愛しなさい」という言葉は、そういった人々にとって、まったくナンセンスに思えるでしょう。しかし、他の人のことをマイナスにとらえていては、決して精神的なつながりを感じることはできません。

逆にスピリチュアルな人は、**「他人との向き合い方は、つまりは自分自身との向き合い方であり、その逆もまた真である」**と考えています。

自分が判断を下せる相手は、自分自身だけであることを知っているのです。

そしてまた、思考と行動のあいだには、目に見えないつながりが存在し、この見えない力が自分と他のすべての人々を結びつけていることもわかっています。ですから、自分以外の人も自分の一部分のように大切にあつかうことができます。

✦人生にはつねに〝因果を超えた力〟が働いている

種をまけば実が得られるでしょうし、空腹ならば食べ物を求めるでしょう。また、腹が立てばどこかにはけ口を見つけようとするもの。

こうしたことは、ニュートンの運動の第三法則である「作用・反作用の法則」。「すべての作用に対して等しい反作用が存在する」のです。しかもこの法則が、目に見える世界を操っているのです。

しかし、この因果の世界で生き、すべてに原因と結果の説明を求めているかぎり、すばらしい奇跡の世界を生きることは決してできません。

スピリチュアルな人は、ニュートンの法則を超えた、まったく異なった世界で生きていて、思考は無から生まれ出るものだ、とわかっているのです。

奇跡を生み出すのは心の中の思考や信念なのだから、その結果を生んだ自分の信念こそがすべてでしょう。

これまで見えなかった〝本物の価値観〟

スピリチュアルでない人ほど、高い地位や財産を所有することを目的とする傾向にあります。

たとえば、社会での成功の度合いは、地位、収入、受賞の有無など外側のレッテルで測るでしょうし、スポーツ選手なら競技に勝つことを目的とするでしょう。

もちろん、そうした「成功」を非難しているわけではありません。

ただ、スピリチュアルな人生の焦点は、そこにはないということをいいたいのです。

マザー・テレサは『神の愛のために（*For the Love of God*）』の中で、「愛の果実は思いやりのある行為、すなわち奉仕である。私たちがつくられた目的は唯一愛し愛されることなのだから、奉仕こそ神への愛である」といっています。

聖職者のようになる必要はありませんが、**人生の豊かさは、財産ではなく、他の人々に何を与えることができるかで決まる**ことを知ってほしいのです。

精神的に豊かな人は、私たちがこの世に裸で生まれ、裸で死んでいくことを知っています。いわゆる社会的成功を手にする人も多いのですが、それを目的にしていたわけではありません。

あなたも本当の人生の価値や安らかさを体験すれば、それらは心がつくってくれるのだとわかるときがくるでしょう。

✦〝瞑想〟の世界で自分を育てる

より高い自己へ至ろうと答えを求めたり、心をからっぽにしたり、マントラ（お経や真言など）を唱えたりして、静かに自己の内側を見つめて時を過ごす――。

こうしたことは、スピリチュアルでない人にとっては、頭がおかしいと感じられます。

それより、今まで以上にがむしゃらに働いたり、苦しんだり、目標を設定したり、あるいは達成した目標のさらに先を目指したりして、弱肉強食の社会を生き抜くほうがよっぽど重要なのでしょう。「瞑想」などと聞くと、現実逃避にすぎないと考えるのです。

ところがスピリチュアルな人にとっては、瞑想の時間こそ「人生の奇跡」を体験できる瞬間です。瞑想することで、思考は明確になり、ストレスが和らげられます。気分が軽くなり、喜びは増え、おもしろいことに、以前よりずっと生産的になるから不思議です。

✦「目に見えないメッセージ」が読みとれるようになる

スピリチュアルでない人にとって、直感はたまたま頭をよぎっただけで、すぐに通り過ぎるものです。ですから、たいてい無視するか、都合のよいようにかわして、いつものとおり物事を進めます。しかし、直感を無視したために、結局は後悔したという経験を持つ人は多いのではないでしょうか。

スピリチュアルな人は直感の中に、見えないメッセージを読みとろうと努めています。**五感の世界の制約から自由な人にとって、目には見えない思考とは好奇心がつきない**ものなのです。

しかも、直感となれば、そこにある見えないメッセージは思考のとき以上です。私たちがどんな行動をとるべきかを暗示していることもありますし、危険を知らせてくれる合図の場合もあります。不思議なことに、直感は人生の大切な要素だといえるでしょう。

スピリチュアルな人は、直感を神の語りかけのように感じます。私自身、昔は無視していた時期もありましたが、今では直感が自分を導き、成長させてくれることがはっきりとわかっています。執筆活動はもちろん、食事から人間関係まで、人生のあらゆる場面でたくさんのことを教えてもらいました。直感を無視しないで、瞑想し、信じ、その内なる言葉の意味を探りましょう。

✦"恐れ、怒り、憎しみのエネルギー"をプラスに変える

スピリチュアルでない人の心の中では、さまざまな感情が渦巻いています。嫌だと思うことや悪だと信じている物事に対して、数えきれないほどの不安や苛立《いら》ち、焦りを覚え、悪だと思うことや否定する物事について、肉体的にも精神的にも、大変なエネルギーを費やします。

悪と戦おうと暴力を用いたり、憎しみに満ちた方法で報復したりすれば、自分も悪の一部になり下がってしまいます。

スピリチュアルな人は、そのように人生を敵に回すようなことはしません。

たとえば飢餓《きが》を生み出している社会に対して反対運動を起こす人も、怒りやフラストレーションが高まれば、自らを弱らせるだけなのです。その代わりに、飢えに苦しむ人々が食糧を手に入れられるよう、なんらかの行動をすれば、逆に力強いパワーがわいてきます。

戦争に反対するのでなく、平和のために働きましょう。テロや戦争に反対を唱える人々すべてが平和のために働けば、戦争はなくなるでしょう。

人間は、戦争や武器関連のビジネスで一分間におよそ二五〇〇万ドルものお金を使っています。その一方で、同じ一分間に四十人の子どもが餓死しているのです。

肯定できることに焦点をあて、行動も思考も愛と調和にもとづくこと。憎悪という否定的な要素を捨ててこそ、はじめて本物の奇跡が生まれるのです。

✦生きとし生けるものに対する深い尊敬の念

スピリチュアルでない人は、「私たち人間には意識があるが、この世界の他のものに意識はない」と信じています。

さらに、自分の存在はこの一生かぎりで終わると思っているので、後の世界には自分の責任はないと考えています。だから、どうしても傲慢《ごうまん》になってしまうのです。

しかし、スピリチュアルな人にとっては、この地球も、宇宙でさえも意識を持った存在なのです。しかも、**われわれの人生は目に見えない形で過去や現在のすべての人生とつながっている**——このように考えているので、すべての人に対して優しく接します。

たんに目に見える世界としてではなく、自分自身を含めた世の中すべてに尊敬と畏《おそ》れを抱き、深いレベルでこの世を感じましょう。

✦まずは〝許す〟ことから

もし心の中に、他人に対する恨みや復讐心《ふくしゅうしん》が渦巻いているのであれば、「本物の奇跡」を体験することはできません。調和と愛が入り込む余地がないからです。

相手を恨む気持ちからは、もっと強い恨みや不協和音しか生まれてきません。古今東西、さまざまな宗教の指導者が、許すことの大切さを説いてきました。ユダヤ教、キリスト教、イスラム教、道教、仏教などの教えを読めば、きっとわかることでしょう。許すことは心の行為です。

スピリチュアルな人は、その行為がいかに大切なものであるかをよくわかっています。

✦それは必然的な〝奇跡〟

スピリチュアルな人にとって奇跡は、非常に身近で現実的です。

他の人に奇跡を生んだ力は、今この瞬間も存在するし、その力が存在している部屋の扉を叩くことができると信じているからです。

ところが、スピリチュアルでない人の見方はまったく違います。

「人生の奇跡」はまったくの偶然だと思っているのです。だから、奇跡を起こす輪の中に、自分が参加できるとは頭から信じていないのでしょう。

「みんなが通る道」より「私らしい道」

前項にあげたものは、どれも読んでいるこの瞬間に実行できるものばかりです。

精神的に豊かな人間になろうと思いさえすれば、今までどのような選択をしてきたとしても、それらはすばらしい選択になります。

宗教を変えたりする必要はまったくありません。

「この道こそ自分の人生を生き抜いていく道だ」と決心するだけでいいのです。そのように自分の内面とかかわることで、自分の道を歩み出せます。

忘れてはならないのは、スピリチュアルでない人生を選ぶ人には、決して奇跡は起こらないということ。

奇跡は、どのように自分の道を選ぶか、どのように自分の心を使うか、そして、自分の心の使い方で世界が変えられると、どれだけ信じられるか——その結果です。

あらゆる行動のはじまりは考え方一つ——このことを忘れてはなりません。

次にあげるのは、人間として成長し、精神的にも魅力のある人間になるための、私からの提案です。

✦「内面日記」をつける

五感を超えた直感、心の中で感じたこと、すべてを記録してみましょう。なにが具体的な行為を生み出すのか、そのきっかけになった感情を記録しておきましょう。

この記録を続ければ、行為のもとが必ずしも目に見える具体的なものとはかぎらないと納得でき、やがて自分の成長も確認できるようになります。

〝五感〟のその先へ

五感でとらえた、いわゆる具体的な証明や証拠について「本当にそうなのか？」と、自問してみましょう。

これは、五感だけの判断がどれだけ自分を誤らせているかを考えてみることです。

五感では、地球はじっとしていて動かないし、固体は一つの物質に感じられますが、実際には、地球は自転も公転もしているし、固体も運動する分子の集まりなのです。

心の「イメージ・トレーニング」をする

日頃むずかしいと思っていることに「心」を使って挑戦してみましょう。

ゴルフのスイングでもいいし、お酒を飲みすぎないようにすることでもいいので、とにかく想像力を使って理想どおりに動いている自分をイメージしてみましょう。そして、その自分がどんな行動をとるのか詳細に記録し、これを六、七回くり返しましょう。

やがて現実社会で理想像が実現できるようになり、そのとき、五感の限界は打ち破られます。

✦一日だけでも「疑いゼロ・デー」をつくる

一日でいいですから、疑いの気持ちをゼロにしてみましょう。

静かな場所で静かな時間をつくりましょう。

心をからっぽにし、悩んでいる事柄について、天の助けを求めてみましょう。

愛情にあふれた案内人が、あなたを助けてくれるイメージをつくってみてください。

守られ、世界から助けを得ていると感じられますか。

神さまの声を聞けとか、霊を見ようというのではありません。

とにかく、このときこの場の安らかさを感じ、そのあいだに感じたことを記録すること。これを習慣づければ、高い自己や神秘的な知恵にアクセスすることができます。

✦夢を記録する

夢の記録をとりつづけましょう。

とくに死んだ人が登場した夢は大切です。人の死とは、生きているときから、ただ形が変わっているだけだとまず考えましょう。次に、その人はなにを自分に伝えようとしたのか、それはどんな導きなのかを考えてみるとよいでしょう。

自分がスピリチュアルな次元にいれば、そうした魂はイキイキと感じられるでしょう。愛した人々との夢の中での楽しい再会は、死や老いに対する考えをガラリと変えてしまいます。死はたんに、五感の世界での現実でしかないとわかるからです。

✦自分に向き合う

眠りの中で見えない次元とつながることができれば、日常でもつながりが持てるようになります。

つながりを信じ、愛にあふれた導きが得られると信じて行なったことは、すべてが効を奏するでしょう。疑いを持つことなく自然に導かれていくということが、今まで以上に頻繁《ひんぱん》に起こると思います。

与えられた導きには感謝すること。そして、**「問題解決のために、私が他の人々にできることはなにか」**を自問してください。

こうして他人を助け、内なるコミュニケーションを続ければ、真に求めるものは得られるでしょう。

✦尊敬する人の真似をする

「こんなふうに生きたいな」と、あこがれている人の本を読んでみましょう。

どんな偉い人でも苦しいときがあり、導きを探し求め、大きな力の助けを得て乗り切っていることがわかると思います。

これはどんな分野であっても同じ。すべての人が高い自己とのつながりを持ち、人生の「ここぞ」という場面で神秘的な助けを得ています。だからこそ、ふつうでは到底達することのできないレベルに達することができたのです。

「そんな導きなどバカバカしい」と誰かにいわれたら、その人には心の中で愛をおくり、自分の目的を忘れないでいましょう。

疑いの気持ちは、あなたも私も通ってきたのですから。

相手の中の「魂」を見る

パートナー、子ども、部下など、今まで自分が上に立ったり、面倒を見たり、コントロールせねばと思っていた人への、接し方を変えてみましょう。

相手もまた目的を持った魂で、その魂が肉体という姿をとっているだけと考えるのです。そう考えて接すれば、相手とのあいだに見えない力が通い合っていることがわかるでしょう。相手を支配しようと思わなければ、あなたと同じように目的ある人生をおくろうとしている相手の手伝いができます。しかも、あなた自身の目的もしっかり忘れないでいられるのです。

「苦手な人」に手伝いを申し出る

命令したり、方法を教えたり、肩代わりするのではなく、助けてあげること。その人自身がやりとげられるよう手を貸しましょう。

手伝いを申し出るというちょっとした行為が、自分自身にも真の力を与えてくれます。とくにその相手が「苦手な人」の場合は得るものも大きいはず。

他の人がそれぞれの人生を生きられるよう力をつけてあげる——これこそ自分が持っている本来のパワーを分けてあげることなのです。

✦「与える」をモットーにする

出会う人すべてと見えない糸で結ばれている様子を思い描いてみましょう。

自分が右へ動けばみなも右へ動き、自分が誰かを押せば混乱状態が生まれる——こんなふうにイメージすると、他の人を、まるで自分の一部のようにあつかうことができます。

こんな話があります。

地獄の人はみな飢えているといいます。鍋いっぱいのスープがあるけれど、スプーンの柄《え》が人の腕より長くて、自分一人では飲めないからです。ところが天国では同じ条件のスプーンでも、みな、にこやかに暮らしているといいます。それは、互いにスープを飲ませ合っているからなのです。

このたとえ話の意味するところは、他人に与えることを自分の目的とすれば、おのずと天国が現われるということです。

✦心の中に〝敵〟を持たない

「敵」の概念とはなんでしょうか。なぜ、何かを敵だと思い、それに対して憎しみを抱くように教えられてきたのでしょうか。

それはたんに生まれた地理的位置が原因にすぎないとわかってきます。

欧米人は、以前、イランの人を憎めと教えられていました。ところがその後、イランの人は公式な友人とされ、代わってイラクの人が敵だといわれるようになりました。つまり、憎むべきは憎しみそれ自体なのだといえます。

憎むべき相手もまた犠牲者だと思って、心の中に敵を持つことを拒否しましょう。それが世界に平和をもたらす一助になるのです。

決して他人の犠牲になれというのではありません。みな、つながっているのだから、敵意を持つことはないのです。怒りや憎しみは敵だけでなく、自分自身や周囲の人々をも傷つけてしまいます。

✦自分だけの〝空白空間〟をつくる

「なにもない」という概念になじみましょう。人間の思考は、心の中の無の空間から生まれているのです。

どんなに忙しくても、一日に一度は必ず頭をからっぽにするよう努めましょう。そして、自然にわき上がってくる考えを見つめてください。そこから、形ある世界を超えた、科学では説明できない次元があると知りましょう。

無の概念と仲よくなれたとき、その人は奇跡を起こせる場所にいるのです。

✦「こんな自分」こそ大切にあつかう

短い時間でいいですから、物理的な世界から自分を切り離してみましょう。

静かに心の中で、眠っているときと同じように五感をストップさせるのです。

そして、自分の肉体になにが起きるかを観察しましょう。心を通して肉体に接すれば接するほど、人生に物理的な対立が起きることはなくなっていきます。

これが真の自己、見えない自分に接することであり、スピリチュアルに目覚めるカギなのです。

「結果」でなく「目的」に焦点をあてる

なにかを行なっているときには、自分の心と肉体と魂のバランスを完全に保つようイメージしてみましょう。そして、途中で立ち止まって、「自分は、なぜ今これを行なっているのだろう」と自問してみましょう。

すると、勝利や報酬といった目に見える結果は、今行なっている勝負事や仕事同様、その瞬間のためだけのものだとわかってきます。

行為の結果に執着しなくなれば、逆に、行為のレベルは高くなっていくのです。

溜め込むだけの人生にしない

自分の所有物や財産の目録をつくってみましょう。その中に、そのために死んでもいいようなものがあるでしょうか。

次に自分の価値、自分の理想、自分の愛する者たちについて考え、そのために死ねるかと自問してみてください。優先順位がはっきりとわかるはずです。

人は目的を持ってこの世に生まれ出たのであり、ものを溜め込むために存在しているのではありません。

生まれるときも死ぬときもなにも持っていないのです。自分の目的に忠実であれば必然的に、精神的に豊かな人生が拓けてきます。

ガチガチの〝社会ルール〟は手放す

「自分のための日」を設けましょう。社会で決められたルールよりも、自分が心地よいと思う軸を大切に生きるために、まず、そうした日を決めてみるのです。

食事、服装、仕事、家事など、その日の行動すべてに「自分中心」を徹底しましょう。自分に犠牲を強いるような社会通念、ルールといったものには加担しないでおきましょう。法律がなにをいおうが、あくまで自分の軸にしたがえばいいのです。

朝時間を静かに活用する

毎日、自分一人の静かな時間を用意しましょう。一番いいのは、家族がまだ誰も起きてこない早朝です。三十分間ただ一人で、静かに自分の内側に接するとよいでしょう。目を閉じ、心をからっぽにして自分の呼吸だけに集中してみましょう。すると、自分がスーッと穏やかな状態になっていくのに気がつきます。

✦「直感」の声を聞く

直感はたんなる偶然ではなく、心にとってうれしいお客さまだと考えましょう。現実の自分自身はしばらく横に置いて、とにかく頭に浮かんだ直感をメモしてみるのです。そして、無視するのでなく、直感を生んだ自分自身と対話してください。

「なぜ私の心は私をこの方向に押しやるのか」と。そしてなにがわかったか、またその二、三日後になにが起きたかをそのまま記しておきましょう。

また、目を背《そむ》けたいような直感が浮かんだときも、あえてその直感にしたがいましょう。自分の直感を信じる習慣をつけるのです。

そして、その度に一歩ずつ目的に向かって歩めば、やがて直感は、自分にとって、もっとも信頼できる友人になってくれるでしょう。

✦〝否定地獄〟から抜け出す

日々、心の中で文句をいったり、否定していたりすることをすべて、書き出してみてください。次に、そのリストをそれぞれポジティブな内容に書き換えてみるのです。

たとえば、勉強嫌いが直らない子どもを嘆くのではなく、「これから自分で勉強の習慣をつけられるのはすばらしい」ととらえてみる。

この方法をとれば、ストレスのほとんどは、スーッと解消できることがわかります。

✦「自分の欠点」を書き換える

自分の嫌いなところを書き換えましょう。

たとえば、ダラダラ怠《なま》けがちな自分を嫌だと思うのではなく、「自分はもともとのんびり屋さんだけど、もっとエネルギッシュになってもいいな」ととらえ直すのです。

体重の問題、その他の外見の問題、悪い習慣、性格など、すべてをポジティブな言葉で前向きに表現してみてください。その言葉にしたがって行動すれば、いつのまにか自分の嫌なところは消えていくでしょう。

✦「自分のからだ」に感謝する

自分のからだに感謝する時間を毎日設けましょう。

自分の肝臓、胃、脳、手、そして具体的には見えない心、さらに自分が今ここに存在することにも感謝の気持ちを抱いてみてください。

自分をつくっている肉体、すべての細胞の働きを見つめましょう。また、自分を生かしてくれている空気、水、食物、宇宙のすべてに感謝してください。

一日数分間こうした時間を持つだけで、精神的なレベルが高まります。

✦人を〃許す〃。そして救われる

自分をひどい目にあわせる人について、感情を切り離して考えてみましょう。

自分をこっぴどく振った相手、親、金銭トラブルのあった人など、苦々しい思いや憎しみを感じる人間に対し、一瞬でいいので愛情をかけてみましょう。

そうした人々は、あなたになにか教訓を残すために、人生に登場したのです。

憎しみではなく愛情をかけることができたとき、心の傷は癒やされ、さらに精神的に高いレベルへと成長することができます。

3章

「描いた夢」に、こんなブレーキをかけてはいけない

信念は人を強くする。疑いは活力を麻痺させる。信念は力である。

――ロバート・シュラー（思想家）

「小さな現実」にとらわれないために

人生の奇跡が花開くような心の状態を、どのようにつくり出すか。

これは、人生そのものを変えるようなアプローチですが、だからといって、現在の生活や仕事を変えなければいけないということはありません。

自分の中にある見えない部分を変えるだけのこと。

次に12のキー・ポイントを紹介していきますが、いずれも奇跡を生むための心をつくることが目的で、抽象的なことだけでなく、実際にどうすればいいかについても述べています。とくに項目の最後には、具体的な訓練方法を提案しているので、ぜひ実行してください。

✦なぜ、自分の可能性にフタをしているのか

まず、心の中ですばらしい奇跡の世界を想像し、自分も必ず到達できるのだと確信

しましょう。

確信が持てるようになったら、次は自分のパワーは無限であると思い描きましょう。**心の中で思い描くことができれば、必ず現実の世界で実現させることができます。**

私は昔、テニスのバックハンドができないと信じ込んでいました。実際、ずっと苦手でしたが、今では得意技になりました。自分の中の思い込みを「できない」から「できる」に変え、それにしたがってフォームを変えたからです。

はじめて試合でバックハンドが成功したときのことは忘れられません。これは私にとっては奇跡でした。

しかし、奇跡を起こすための選択はつねに自分が行なっているのです。どんなことでも、自分で限界を決めつけていると「奇跡の実現」は遠くなるだけです。

提案 自分が「限界」だと信じている事柄はなにか、リストアップしてみましょう。

他の人々は、どのようにその限界を乗り越えているのか、一つひとつについてじっくり調べてみてください。自分の中にも限界を超える「内なる力」があると信じることができれば、すでに人生に奇跡を起こす途中にいるのです。

✦〝直感〟はこれほどまでにあてにできる

直感は、神さまからあなたへの個人的なメッセージです。自分自身や自分の人生そのものも、宇宙の知恵の一部だということでしょう。

私は「神さま」と書きましたが、名称はなんでもよいのです。「直感の重要性」を信じていれば、このメッセージを受けとることはむずかしくはありません。

愛ある導きとして耳を傾け、したがってください。

例として、私の不思議な体験をご紹介しておきます。

夏休みで家族とフロリダへ向かっていたときのこと。

私は運転に疲れ、妻に替わってもらい助手席で居眠りをしていました。すると、ふいに強い力に揺り動かされて目が覚め、前方の車が対向車とまさに正面衝突をする光景がよぎりました。

その瞬間、私たちの前の車が事故を避けるため、路肩の砂利道に向かってハンドルを切ったのです。そのとき運転席の妻には対向車が見えず、彼女はなにも気づいていないようでした。

私は、とっさにハンドルをつかむと、前の車と同じようにハンドルを切りました。後続の車は、すぐにこの事態に気づき、事故は最小限で食い止められたのです。

これはもう数十年も前のことですが、眠っていた私の目を覚ましたのは、神さまからのメッセージなのだと今も信じています。

神さまは、なぜ私を生かしてくれたのか。私には、今でもやりたいことがまだまだたくさんあります。そうしたことが、私を救ってくれた理由なのだと信じています。

現代の教育や社会では、直感などの感覚的なものは、理性や知識に比べ、あまり価値のない、子どもっぽいものととらえられています。

しかし、実際には、こうした内側の声はまぎれもなく自分の一部なのです。そのことを決して忘れてはいけません。

提案　一日一回、自分の直感に耳を傾ける練習をしましょう。自分の中にはすばらしい直感力があることを認めましょう。一日一回だけでいいですから、直感にしたがうよう努めてみましょう。

直感なんか信用できないという、今までの考えに引きずられず、結果を考えずに、直感的なひらめきに耳を傾けてみてください。

思考は、すべて自分の内側で生まれているのですから、自分のアンテナの感度さえ磨けば、おのずと直感をキャッチする能力も高まっていきます。

✦「自分の内面」をしっかり見据える

詩人のロバート・フロストは、「私たちは輪になって踊り、想像する。だが、神秘は中央に座り、すべてを知っている」と含蓄《がんちく》のある言葉を述べています。

中央に座っている計りしれないものとは一体なんなのでしょう。

まず、音楽を考えてみましょう。音楽とは音の連続ではありません。そう、休止符なしに音楽は成り立たないのです。音と音のあいだの沈黙、つまり無の状態があってこそ音楽といえるのです。

花瓶はどうでしょう。どんな素材でできていようと、真ん中の空洞がなければ花瓶ではありません。

また部屋についても同じことがいえます。囲まれた中に空のスペースがあってこそ部屋であり、中に物がぎっしりとつまっているのであれば、もはや部屋としては役に立ちません。

こうしたものの内側にある、無のスペースを「タオ（道）」といいます。タオは言葉や図では表現できませんが、それはつまり、すべての存在の一部であるということもできます。

唐《とう》王朝の禅僧は、「無を見ること――これは真実を見ることであり、永遠を見ることである」といっています。また老子は、「在るものを利用するときには、無いものの有用さも認識すべきだ」との言葉を遺《のこ》しています。

無の存在を言葉で完璧に示すことはできませんが、これまでに述べた例から、少しは感じとっていただけたと思います。

「無がないもの」は存在しないのです。

皮膚や骨格、筋肉で包まれたからだの中にも無があり、無の部分なしにあなたという存在はありえません。細胞の一つひとつが、無を囲んだ分子でできていて、これこそが生命と呼ばれているのです。

提案 形ある世界は、見えない無のスペースをとり囲んでいるだけだと気づきましょう。自分とは、生命エネルギーをとり囲んでいる形のことなのだと認識してみましょう。

このことを頭において、〝自分の中心にある、すべてを知っている不思議な存在〟を見つける努力をしてみましょう。

見えないのだから、精神的な次元で探し求めるしかありません。「自分はなぜここにいるのか？ 自分は誰なのか？」と自問してみましょう。

肉体によってとり囲まれた内なるスペースで、見えない師と親しく時間をともにしてみましょう。そして、その導きを今日一日信じること。見えない師の存在に全面的にしたがってみてください。

✦不得意なことは、もっとも〝得意〟にできる

物事をとらえるには二通りの方法があります。

一つは、疑ったり恐れたりすること、もう一つは認め信じること。

たいていの人はなにかを学ぶ際、これは**自分にはとてもできないのではないかと思いながら始め、半信半疑でやってみたあげく、「ほらね、やっぱりできなかった」と**

いうのです。

私もその昔、大勢の前で話すことが苦手でした。自分にはそうした才能がないのではないかと思っていたからです。

自分の能力を疑い、恐れながら仕事をしていくのは、長いあいだ苦しい体験でしたが、あるときから「認め信じる」やり方に変えて聴衆に語りかけるようにしたところ、しだいにとてもやりがいのある体験に変わっていきました。

自分に対する疑いを捨てさえすれば、なんでもできるとわかりましたし、また、自分は大きな力に守られていると、信じられるようになりました。

少しくらい失敗をしても、聞いている人たちは、たいして気にしないもの。そのおかげで、のびのびと、心から話せるようになり、結果、私は年間最優秀スピーチ賞を受賞することができました。

授賞の日、「疑い恐れる」ことから、「認め信じる」ことへの発想の転換が、この経験をもたらしたことを実感したのです。

みなさんも「それは間違いだ。まだ若すぎる。年をとりすぎた。女だから。男だから。経験不足だ。目立った経歴がない……」と、さまざまな疑いと恐れの気持ちで物事に対してきたと思います。

疑いを持ったままなにかを学んでみても、ネガティブな結果に終わるだけです。

心の中で「認め信じる」方法を用いる以外にありません。そして、方法を変えるには、まず、これまでとは違った心の状態を育てなければなりません。

提案 初対面の人と会うときには、ほんの数分でもいいので、相手を信じて受け入れてみましょう。

「私はこの人を信じる。疑う気持ちはない。すべて前向きにことが運ぶとわかっている」と、自分自身にいいきかせます。このやり方で人に接すれば、これがあらゆる方面でいかに役に立つかがわかり、驚くと思います。

✦ "現実"はすべて意志の現われにすぎない

多くの人は、欲求を満たすことや願いをかなえること、希望を持つことこそが、成功や充足感につながると思いこまされてきたので、意志にもとづいた経験が現実をつくるという考え方は、ピンとこないかもしれません。

しかし、つまらない欲望を抱いていても、人生は停滞してしまうだけなのです。自分の行動にエネルギーを与えてはくれません。

魂のエネルギーは意志であり、その意志が現実とのコンタクトをとっています。ですから、今の自分が誰とつき合っているか、毎日なにをしているか、他人をどう思っているか、どんな体形をしているかなどは、**すべて意志の現われ**と考えてください。

つまり現実とは、行動のエネルギー源として、自分の意志がどの程度なのかを示しているのです。

自分の意志を自覚することは、スピリチュアルな人間としての自覚につながります。教育者として、親として、あるいは運転手として……どんな仕事であろうと、与え、奉仕し、愛することに焦点をあてた自分の目的を知れば、意志はおのずからついてきます。自分が高い価値観や精神性を保っているとすれば、それは他ならぬ自分の意志の結果です。

しだいに、まわりには同じような価値観の人がいると気づくことができます。また、世の中を与える場としてとらえ、他の人々のよさを見る目を持てば、あなたに与え、返したいと思う人に多く出会うでしょう。

そして、人生に心から感謝し、他の人々に愛を広めていくでしょう。

もちろん、その反対もありえます。できるだけ多くを自分のものにしたいと思っていれば、強欲で権力を求める人に多く出会うようになります。そして、自分と同じ心の人とつき合うほどに、もっともっと強欲になっていくのです。

つまり、人生を変えるカギは意志にあるのです。希望や願望といった受け身で他人まかせなエネルギーを、行動や意志というアクティブなエネルギーに変えることが必要なのです。

自分がこれまで行なってきたことのすべては、意志の結果なのです。そして、自分の内側で生まれるこの意志の責任は、自分自身にあります。

つまり、自分の世界は、自分が責任をとる以外にありません。「人生の奇跡」を求めて心の準備をするときには、このことを決して忘れてはならないのです。

提案 「こんな人生にしたい」と、心の中で願ったり目標を立てたりするだけでなく、それらを意志を持つ能動的な言葉に言い換えてみましょう。

病気にかかったときには、「この病気がなくなれば……」ではなく、「この病気を治そう」と自分自身にいうようにします。

私は、もう少し健康になりたいと思うと、いつもすぐに行動します。たとえそれが短い散歩というささいなものであったとしても、考えたことを行動に移すようにしています。

✦「苦しい先に未来がある」は本当か

「サレンダー（ちっぽけなエゴを手放し、宇宙に全面的に降伏すること）」という言葉があります。これは、いつも漠然と感じてきたことを、全面的に受け入れること。すなわち、

1　宇宙は知恵の集積であり、私もその一部です
2　この知恵は目に見えません
3　この知恵は私の一部でもあります
4　私は、この知恵を信じることに決めます

と心で思うのです。

こうして、宇宙の見えない知恵を信じれば導きが得られていきます。

奥義をきわめるといった大げさなことではなく、突然パッとひらめくのです。

禅ではこのことを「悟り」といい、私はこれを「門を通り抜けること」になぞらえます。

はるか遠くに見える門に向かって、苦しんだり迷ったり転んだりしながら、何十年も遅々たる歩みを続ける——すると突然、なんの前ぶれもなく、その門を通る瞬間がやってくるのです。

そして、来た道を振り返れば、「これまで私は、なんて見えていなかったのだろう」と不思議に思えてくるのです。

以前は不可能に思われた境地に、今の自分が立っています。

到達の瞬間はあまりにもあっさりしていて、苦しさや努力を通じてこそ物事は達成できる、という考え方の「大きな嘘」に気づくことでしょう。

悟りを得る——つまり門を通り抜けるのは、自分自身と自分の現実とのバランスを心の奥底から受け入れた結果、「サレンダー」を決めた結果なのです。

私はこれまでに、人生のさまざまな場面で悟りを体験してきましたが、その一つは貧しい家庭で育ったことと関係があったように思います。

若いころ、買い物をするときはすべてセール品を買っていましたが、欲しいものにきりがなく、満足したことがありませんでした。三十代のころには、自分は決して金持ちにはならないだろうから、浪費をやめて、まあまあの中流生活を望むのが一番いいと考えていました。

頭の中は、なにが足りないか、いかに金を慎重に使うかといったことでいっぱいだったのです。

つまり、飢えるほど困窮《こんきゅう》してはいないけれど、「欠乏感」という意識の犠牲になっていたのです。内側の見えない固定観念（私にはお金がない）が私を支配し、私の世界をそのようにつくり上げていました。

ところがある日、瞑想の最中にハッと静かに悟ったのです。

「あなたはあなたであるだけで、もう十分なのだ」という声が聞こえました。

この言葉で、突然すべての見方が変わってしまったのです。

当時はちょうど人生にひどく迷っているときで、収入が保証されている大学の教師にとどまるか、独立して自分ひとりで仕事をし、その成果を見るか、結論を出せずにいました。

しかし、その悟りの瞬間、私にはもうなにもがんばる必要はないのだと、パッとわかったのです。

それまでは、「なににつけても、私は十分に手にしたことがない」という見方から、とにかくなにかをせねばならぬと思いつづけてきました。

しかし、「私はずっと守られている。だから、どう転んでも大丈夫。もう必死になることに人生のエネルギーを費やすことはないんだ」という考え方に一八〇度変わったのです。

こうした悟りは、人生のどんなときにも起こりえます。ただし、進んで心を開き、身をまかせる気持ちになれば……ですが。

人生の現実は無言であなたに語りかけている、と精神的な導き手は声をそろえていうでしょう。語りかけの言葉を聞くには、ただ信じて、静かに自分の心の声に耳を傾けること。自然にゆだねる姿勢で導きを待つことが必要です。

提案　長いあいだ悩んでいる問題について考えてみましょう。求める結果が得られない原因はなんでしょうか。怠けグセか短気か深酒か……。そして、今日一日だけ、その習慣を変えてみましょう。「すべての習慣の源は思考にある」――この考え方に身をゆだねてみましょう。「今、この瞬間、私にはできる。意志を持っているかぎり、必要な助けはすべて得られる」――このささやきに身をまかせてみてください。そして、この瞬間においては、私は以前の私ではないと宣言するのです。明日も未来も関係なく、「今、この瞬間」に身をゆだね、たった一歩、踏み出すだけでいいのです。

✦あたかも〝理想の人生〟を、今おくっているかのように

考えや理想は、決して無意味なとりとめのないものではありません。自分の思考は、自分がつくっているのです。そして、思考が意志をつくり、意志が

現実をつくるのです。ですから、「心の中でどれだけ思い描いたって、たいした意味などない」といった疑いの気持ちをまず払拭《ふっしょく》しましょう。

心の中で思い描くイメージが、今の自分の現実であるかのように行動する練習をしてください。自己欺瞞じゃないか、という人がいるかもしれませんが、これこそ、自分が決めつけている限界を打ち破る唯一の方法なのです。

もし、エネルギッシュな人間になりたいのであれば、疲れたふるまいは絶対にしてはなりません。自分のビジョンを壊すだけです。

鏡に疲れた顔が映っていても、元気いっぱいに行動しましょう。自分が心に描いたエネルギッシュな理想の人間は今ここにいる、と肯定しましょう。そして、それに見合う行動をとる練習をしてください。

人がそのようにふるまったその瞬間、その場所で、奇跡は起こるのです。理想の自分は、もはや遠い希望ではなくなります。

同じことは、他の人々に対する態度についてもいえます。相手を、その人なりの夢を実現した人として接しましょう。

たとえば、子どもが「僕には無理かもしれない」といった自信のない発言をした場合。子どもの自信のなさは理解できたとしても、すでにやりとげる能力を持っている子として接し、行動してください。

「君はまだわかっていないようだけれど、私にはわかっている。もうできるのだけど自分を疑ってダメだと思うようにしてるんだ。そうやって自分と他の人をごまかしているのかもしれないね。でも私には通じないよ。君にはできるとわかっているのだから」と。

病気のグチをこぼす老いた親に対しても同じです。

「病気のことばかり考えるには元気すぎるよ。もう治りかけているところじゃないか」というふうに接し、病気が悪くなっていると考えるのはやめましょう。

自分の健康についても同様です。自分を元気な人間としてあつかうこと。病気になりやすいとか、私にはできないことだと、みずからマイナス要素を呼び込むような姿勢をとってはなりません。

そう思う心が肉体を妨害するようになるからです。

くり返しになりますが、やりたいと思えば、たいていのことは容易に身につくものです。**大切なのは、自分を信じて始めることであり、思い描いていることが、すでに**

現実であるかのように行動することでしょう。

そのように行動しているうちに、方法ははっきりしてくるものなのですから。

提案　今まで望んでいながら避けてきたことを、今日一日、それが実現しているかのようにふるまってみましょう。

引き締まった体形を望んでいるなら、今日一日、自分は望みどおりのすばらしい見た目の人間になったと思い込んでしまいます。

そして、「もしそうだとしたら、なにをするだろうか」と自問して、その答えどおりに行動してみるのです。

颯爽《さっそう》と歩いて買い物にいく、プールで何往復も泳ぐ、規則正しい食事をする、エクササイズをする、自分のためになりそうな本を読む……こうしたことが奇跡を引き寄せます。

✦毎日を快適にする「仕分け」の技術

「人生の奇跡」を生み出す心を持つには、まず日々の生活を精神的な軸にしたがっておくらなければなりません。

すでに2章で述べましたが、奇跡をつくり出す力は高い意識の中にあります。しかも、それがスピリチュアルな自分と結びついたときにだけ奇跡は起こるのです。たとえば、なんらかの理由で他人をあざむく選択をしたとします。それは、現実的な部分の自分を優先させたからでしょう。

しかし、**人間の根底にあるスピリチュアルな部分——つまり魂は、愛や調和、真実、奉仕、共有、平和、許しといった要素とつながっている**のですから、これらと相容れないものを選んでしまうと、決して奇跡はやってきません。

自分の中に魂なんて存在しないように思えても、魂はいつでも影のように一緒にいるのです。肉体的な自分、現実的な自分を優先し、自分に有利になるよう動いても、奥深くの精神的な自分は気づいています。

本当の自分をあざむきつづけることには限界があるのです。その限界を肉体的な自分が超えることは決してできません。見えない自分——つまり魂が許さないからです。

精神的な部分を、目に見える物質的な部分より優先させることは、人生のすべての分野で必要です。

愛は「魂の美徳」であり、精神を第一に考えれば、愛にもとづいた行動ができるようになります。

逆に、具体的に目に見える部分を優先すれば、きっと愛のないやり方で他の人々を蹴《け》落とすでしょう。そしてそのことを心の奥深くで猛烈に後悔するのです。

人間が第一に責任を持つべきは、精神です。

行動する前に自分の心と相談してみること。そして本当の自分を問うのです。

本当の喜びというものは、魂に導かれて現実を生きている人々にしかやってきません。本当の自分自身と安らかなバランスを保っていられれば、なんともいえないさわやかな気分で毎日を過ごすことができます。これが奇跡を生む土壌です。

内なる魂と連絡をとり合い、注意深く、自分の内側の奥深くからあふれてくる心の流れに、現実の行動をまかせてみましょう。

魂は、必ず自分を正しい方向へ導いてくれますし、奇跡を起こすために必要なものをすべて与えてくれるでしょう。もちろん、魂を第一にしていれば、の話――。選択するのはあなたです。

提案 一日だけ自分の優先順位を再調整してみましょう。

自分の人生で一番大切な部分についてイメージを描き、今日一日そのイメージにしたがって生きてみましょう。イメージをしっかりと頭に焼きつけ、スピリチュアルな自分を第一に設定しましょう。

次に、思い描いたイメージとまったく同じように行動してください。

ビジネスでの出会いでも、休暇中でも、日常的なことでも同じです。最初に心の中の愛のある自分にチャンネルを合わせ、しっかりとイメージを描いて、そのビジョンにもとづいて行動すること。魂をもっとも大切にしていれば、やがてそれが当たり前のようにできるようになります。

✦「心の棚卸し」をする

たとえばアルコール依存症の人は、自分の人生をダメにしているアルコールを憎んでいますが、いくら飲んでも「もういらない」とは決していいません。薬物依存症の人も同様です。

また、論争好きで激怒しやすい人は、自分の怒りっぽい性格を心底嫌っていますが、それでもちょっとしたことで、すぐに論争をしたがるものです。また、多くの人間のお金に対する執着にも、似たものがあるといえるでしょう。

この一見矛盾した関係は、欲望の意味を理解すれば答えが出てきます。

禅の言葉に、「求めているときには見つからない」というものがありますが、これは、多くの人は「〇〇がないから、私は不完全な状態なのだ。〇〇さえ得られれば、申し分ない状態になれるのに」というメッセージを、自分自身に向けて投げつけているのです。

自分が不完全だという考えは錯覚です。

あなたはすでに完全な存在であって、なにか他に必要とするものなどありません。

この事実を理解すれば、こうした類《たぐい》の欲望は消え、解放され、自由になれます。

私の場合、不思議なことに、お金を追い求めるのをやめてしまってから、それまでは思いもよらなかった金額が入ってくるようになりました。

なぜか？　それは私が、**本当の目的だけに沿って生きることを決心し、自分に必要なものはすべて与えられる、と宇宙に身をまかせたから**です。

また、お酒を飲んだときの高揚した気分やリラックス感を追い求めることをやめると、お酒で酩酊《めいてい》するよりも、もっともっといい気分でいられるようになりました。

なぜか？　それは私が、魂の声を優先させたからです。

「自分の求めるものは、いつでも自分の内側でつくり出すことができる」とわかったら、もう外側のものは不必要になります。

「○○が欠けている」ことに焦りを感じ、もっとがんばらねばと必死になることで生じる怒りや悲しみも、どこかに消えてしまいます。

自然に身をまかせ、信じ、外部の蓄財や成功に気をとられないこと。自分の目的にしたがい、導きを待ちましょう。

そうしてしだいに心が安らかになってくると、今までよりずっと活動的になり、充実感にあふれ、以前望んでいたものが自然に舞い込んでくるようになります。

提案　ずっと追い求めているが、実際は望んでいないもののリストをつくりましょう。

次に自分が本当に望むもののリストをつくりましょう。

人生の〝妨げ〟となっているものは、他のものに置き換えられるはずです。偽りの関係は真の関係に、大酒は少しの甘い水に、怒りは愛と調和に。

〝妨げ〟に気づき、真に望むものを心でつくり出すことができれば、安らぎのある人生をおくることができます。今一度、自分の心の棚卸《たなおろ》しをしてみましょう。

✦人に求めない日をつくる

他の人になにかを求めたり期待したりしているかぎり、奇跡は起きません。

奇跡を起こすには、まわりの人を完全に無条件で受け入れることが条件です。他人に対する評価や要求がまったく無の状態でなければなりません。

そんなことは無理だと思うでしょうか。ただ二、三日、自分の心がまわりの人を無条件に受け入れることができるかどうか、様子を見てみてほしいのです。

「〇〇さんには、こうあってほしい」

「夫／妻／親／子ども／友人／部下／上司なのだから、このくらいすべきだ」

こういうふうに人になにかを求めていると、本当の自由は味わえません。

誰かに対して腹が立ったり不満を持ちそうになったりしたら、こう自分にいいきかせてみましょう。「この人は、私になんの義務もないのだ。私もなにも期待しない。今、ここにいるありのままのこの人をただ受け入れよう」と。

この態度で人に対する練習を二日間してみると、自分がかなり変化したことに気づくと思います。親しい人に対して行なったときはとくにです。

私の場合、妻を対象にしてみました。

いつでも妻に賛成しようというのではありません。しかし、妻は私の所有物ではないし、逆に私も妻の所有物ではない。私たちは、自分の魂に全責任があるだけなのです。

このことを頭においているときには、私たち夫婦は楽しい関係を結ぶことができますが、このことを忘れてしまうと、ストレスが生まれ、不愉快になり、「人生の奇跡」は不可能になります。

この原則は、すべての分野に通じます。ウエイトレスやセールスマンなど、こちらがお金を払ってサービスを受ける人々に対してさえ、同じことがいえるでしょう。

サービス料や給料と引き換えに与えられるものに、期待もするし感謝もしますが、私が彼らより優れているわけではありません。私は支払う側を、彼らは支払われる側を、役割として選んでいるというだけのこと。

そう思って無条件に受け入れ、なにも求めないでいると、逆に満足度の高いサービスが受けられるのです。


提案 他の人になにも求めない一日を過ごしてみましょう。相手は妻でも子どもでも、同僚でも初対面の人でもよいでしょう。相手から「なにを得よう」と考える代わりに、相手に与えようとしてみましょう。

愛を与え、相手を無条件に受け入れてみる。この習慣づけは、自分が被害者意識を抱いているときにとくに役に立ちます。

相手に対して、こうしてほしい、ああしてほしい、このように評価してほしい……といった期待を一切持たず、相手が望むままにさせてあげるのです。すると、自分にとって必要だと思っていた評価が、じつは必要ではなかったことがわかります。

期待や評価への執着を捨て、自分の目的に沿って人に与えていれば、気づいたときには、以前にあれほど必死に求めていた評価を得ていることでしょう。しかし、そのときには評価など、もう必要としなくなっているのです！

✦「世間のものさし」は気にしない

個人に備わる本来の力とは、他の人を支配したりコントロールしたりする力とはまったく違います。他人の反応も、自分の肉体の力も、容姿も、まったく関係はありません。

本来のパワーを高める道は、魂の目的に向かう道です。

ところがこの世の中では、つねに現実的な面ばかりが強調され、精神的な部分はなおざりにされています。現実に自分を合わせたくなる理由があふれているので、無理もありません。

だましたり嘘をついたり、裏切ったり、なにかに依存したり……こういったことは、本当の自分のパワーを捨て、現実に合わせて自分をねじ曲げた結果なのです。

即物的なことに自分を合わせてばかりいると、最初のうちは、パワフルになったように思えるかもしれません。ところが、しだいに自分の内面が腐りはじめるのがわかってきます。誘惑に負けて、自分の魂の声を無視したことに、嫌でも気づかされるのです。

一方、本来のパワーを高める道を歩み出すと、これまでもわかってはいたものの、即物的な満足を得るために無視していた物事に注意を向けるようになってきます。

本来の自分の目的を生きるのに必要なことは、他人を操作したり傷つけたりすることではありません。

以前、私は自分の考え方や感じ方は、現実世界で起きた物事から生じるものだと思っていましたが、今は正反対です。

目に見えない自分の内的な考え方や感じ方が、現実に自分の身に起こることを支配しているのだということがわかったからです。

これが人間の持つ本来的なパワー、自分の環境をコントロールできる力であり、人生のあらゆる分野で発揮される力です。この力は、自分が行なうことすべて、出会う人すべてに作用します。

自分自身の魂と、安らかで真の目的に生きる自分でいたいという内なる願いに耳を傾けましょう。「人生の奇跡」は、こういう「心の状態」にあってこそやってくるのです。

提案 外的要素を基準にして他人をコントロールする行為を、短期間でいいのでやめてみましょう。

外的要素とは、地位、肉体の強さ、容姿、年齢、健康の度合い、からだの大きさなどのこと。こうした基準から完全に離れること。

自分の魂が相手の魂と触れ合うところを想像しましょう。

相手の中に、あふれんばかりの神が存在していると思って接しましょう。

現実に見える姿は、実はあくまでも仮の姿なのだと思うようにしてみましょう。

この訓練を二、三日やってみて、どれだけ自分に本来のパワーが備わったかを見てみるのです。

子育ても同じように、魂同士のつき合いをしてください。

私は、子どもを愛情で包むことはあっても、命令することはありません。すると、子どもたちは私を、自分たちをコントロールしようとする頑固な父親としてではなく、「愛情ある案内人」として見てくれるようになりました。

相手をコントロールしなければならない、という考えを捨て、魂の友人として無条件に受け入れましょう。

神さまの前ではどの人も平等、みな見えない絆《きずな》で結ばれているのです。

✦たった数分でも、静かに座って瞑想する

瞑想の方法を学び、毎日実践してみましょう。

つい最近まで、私には毎日瞑想することなど、とても考えられませんでしたが、今では瞑想なしの生活など考えられません。

目に見えない知恵と、いつでも味方してくれる愛の導きを見つけるために、静かに自分の内側へ入っていくことができるのですから。

瞑想を学ぶといっても、なにも特別な方法があるわけではありません。物事を学ぶときはいつも同じだと思いますが、信じて、心を開いてのぞむことです。

歴史において、多くの人々に精神的な影響を与えてきた賢者たちの言葉を深く考えてみるとよいでしょう。誰もが瞑想の大切さを唱えています。

瞑想を始めると、心が安らかになり、ストレスが消え、スーッと落ち着いてくるこ

とに気づきます。会議の最中であろうが、悲しみの只中であろうが、いついかなるときにも平和な自分をとり戻すことができます。

科学者であり哲学者であるパスカルがこんなことをいっています。

「人間の不幸はすべて、部屋に一人で静かに座っていることができないところから生まれている」

きわめて興味深い言葉ですね。私は教育の現場で、なぜ瞑想をとり入れないのか不思議でなりません。


では、どのように瞑想すればいいのでしょうか。

瞑想には正しい方法も間違った方法もありません。大切なのはただ一つ、現実世界で限界だと思っていることから解放される次元へ、自分を移してやることだけです。

瞑想状態になると、心の中で、現実社会での困難や問題が解決されていきます。見えない世界でこれらをまず体験し、それを現実の世界で実行していけばよいのです。

また、**今抱えている悩みや迷いは、瞑想中に静かに質問してみるとよい**でしょう。

欧州に禅を広めた弟子《でし》丸泰仙《まるたいせん》師は、こんな名言を遺しています。

「コップ一杯の液体があれば、永久にそれについて講義することができる。冷たいか温かいか。本当にH_2Oから成り立っているのか。ミネラルウォーターか酒かと。しかし、瞑想とはそれを飲むことなのだ」

まさにそのとおり！　瞑想を学ぶことは、論議をすることではなく、生きることを学ぶことなのです。

私は毎朝、どんなに疲れていようと、自分なりの瞑想を行なっています。

一時間の瞑想は一時間分の睡眠に匹敵するので、体調や睡眠不足を気にすることはありません。

まず、熱い風呂に長く入り、その後で床に座って足を組み、目を閉じます。そして自分の脳波がゆったりとアルファ波の状態になるとイメージします。からだが羽のように軽くなり、なんともいえない幸せな気分で満たされますから、自分がその状態に入ったかどうかはすぐにわかります。

私が実行しているのは「二十四秒時計法」と名づけたやり方。たくさんの灯《あかり》で縁どられた1から24までの数字でできた時計を思い描きます。

そして24から順々に各数字の灯がつくのを見ながら、1まで続けるのです。途中で雑念がわいたり邪魔が入ったりしたら、最初に戻って24からやり直します。1まで終わったときには催眠状態のように腕もからだも軽く、脳波は穏やかになります。

次に、白かパステルカラーのスクリーンを心の内側につくり、すべてに安らかさと至福を感じ、この瞑想状態をいつでも望むときに使える用意ができたと考えましょう。

提案 瞑想は、多くの確執を解決してくれます。

先にも述べましたが、瞑想の中では、質問をして答えを得ることもできます。また、人生を遡り、これまでに体験したことをもう一度体験し直し、そうした一つひとつの体験がなにを教えてくれたのかを振り返ってみることもできるでしょう。

昔は親しくしていたけれど現在は疎遠になっている人や、死んでしまった人と会話をし、自分の内側にある神さまの知恵とコンタクトをとることもできます。からだのどこが悪いかも自分に尋ね、つらい現状を喜んで受け入れ、その意味を求めることさえできます。

自分の治癒力を高め、病気の回復の助けとしたり、痛みを和らげる化学物質を生み出したりすることもできるかもしれません。不健康なライフスタイルから思い切って抜け出す勇気も、求めさえすれば得られるでしょう。

最終的には、思考や心の活動を超えた境地が到達点。

ただ「そこにある」至福の状態。これについてはうまく説明ができませんが、ぜひ経験すべきものであり、すばらしいものであることは約束できます。

瞑想の後、信じられないほど心もからだも軽くなっていることと思います。他の人との強いつながりを感じることもできます。

自然に健康的な食事をとり、健康的な選択をし、水を以前より飲み、からだを動かし、ずっと寛容になり、ストレスや疲れが減っていくでしょう。

最後に申しあげておきたいのは、あなたには、あなたに合った瞑想法があるということ。私の方法はあくまでも自己流で、正式な方法というわけではありません。

「高いレベルの自分自身との出会い」を信じ、自分の心に入っていくベストのやり方を見つけてください。

瞑想法については、参考にできる本もたくさん出版されています。

他人のために尽くすことによって、自己の力をはかることができる。
――ヘンリク・イプセン（劇作家）

4章

まるでドラマのような奇跡

人間関係の悩みがスーッと消えていく〝魔法の杖〟

前章まで、内なる旅について、また、内なる無の世界を知る喜びについて述べてきました。神の導きを自分の一部と感じられるかは、自分と他者との関係にも大きく影響してくるでしょう。

他人と自分は今どのような関係にあるか――これは、人生がどのように進んでいるのかを測るものさしなのです。

ここで、あなたの考える理想的な関係をイメージしてみましょう。

まず、家族や恋人との関係はどうでしょうか？

子どもたちとのつながりは？　大切な人々から愛されていると感じていますか？

大切な人だと思われていますか？　性的な喜びはどうでしょうか？

友人や知人との関係はどうでしょう。互いに尊敬し合い、助け合う完全なギブ・アンド・テイクが理想なのでしょうか？

仕事場での人間関係は？　上司はあなたの能力を信頼し、部下からは尊敬されていると思いますか？

また、偶然隣り合って座った人や店員など、知らない人々との関係はどうでしょうか？　もし、今ここに「魔法の杖《つえ》」があるなら、こうしたさまざまな人間関係をどうしたいと思いますか？

心底から奇跡の実現を望み、充実した人生を生きたいと思うなら、必要なことは一つ。自分が描く理想の関係を選びとり、その選択に徹底的に責任を持ちましょう。

過去の非生産的な考えを捨て、奇跡をもたらす新しい考え方を喜んで受け入れる以外にないのです。

この考え方を実行に移すのは、むずかしいかもしれませんが、まず、次に述べる基本的な心がけについてじっくり考え、意識に焼きつけてほしいのです。

人間関係に奇跡を起こすには、自分はスピリチュアルな存在であって、決してその逆ではないと定義し直すこと。これをしっかりふまえれば、なにをしていても、どこに自分の「心」があるかがわかるのです。

人となんらかの関係を持つということは、思考や心など見えない部分の自分が、他者と関係を持つということに他なりません。

当たり前のことですが、肉体そのものは交流などできないのです。触れ合ったり、キスしたり、抱き合ったりはできるかもしれませんが、それは、そうした行為を楽しみ、意味を感じている心があるからこそなせるわざなのです。

他人の存在を実感できるのは、まさに「心」だけなのです。

人を包む「ふところの大きい人」とは

ここで、自分自身にとって、とても重要な質問をしてもらいたいのです。

自分はまわりの人々をどう思っているのでしょうか?

忘れてはならないのは、今思い浮かんでいる考えはまぎれもなく自分の中から生まれているということです。

誰かがなにかよくないことをしたとき、それをどう思いますか。

「彼女のこういうところは嫌いだ」「彼はもっと自分を大事にすればいいのに」……こうした否定的な受けとり方をすると、あなたの態度はいつのまにか否定的になり、二人の関係は不快なものにしかなりません。

　他人の行為を自分の考えで判断しないようにしましょう。もっと別の受けとり方をすることができます。**相手との関係の質を決めるのは、相手ではなく、あなた**なのです。

「彼女はああする以外になかったのだろう。他にすばらしい長所がたくさんあるのだから、もっといい関係にしていきたい」「彼のことは彼がやるしかない。自分をダメにする愚《おろ》かな行動だけれど、それとは別に、私は愛情を持って接していきたい」と考えることもできるでしょう。

　楽観的すぎる対応に見えるかもしれないですし、本心からそう思えないかもしれません。しかし、本当の感情は思考から生まれます。このことをつねに頭においておきましょう。人生の奇跡を望むなら、奇跡を呼び込む考え方をしなければなりません。

　もう一度いいますが、**他人を自分の判断で定義しない**こと。その人と理想的な関係が築けるような考え方をしていきましょう。そうした考え方で接するよう努力できたとき、現実の関係も望みどおりに変わっていくことでしょう。

目の前の人は、あなたを映す〝鏡〟

人はいつもその人自身の心、肉体と接しており、「〝私〟は〝自分〟にいいきかせた」というときの〝私〟は心、つまり見えない自分であり、〝自分〟は肉体、つまり名前のついた現実的な存在を表わしています。

たとえば〝あなた〟が〝あなた自身〟を「バカ」と呼ぶときには、目に見えない自分が見える自分をバカと判断しているということです。

つまり、「バカ」と呼ばれた自分は、いわれたとおりバカのようにふるまうようになってしまうのです。

概していうと、人生の質は人間関係の質と大きな関係があり、人間関係は自分に対する自分の関係の反映でもあります。

からだも心もつながっているのだという意識を持ち、自分の内側で一体感を体験したときに、他の人々ともその一体感を共有できるようになります。

自分に愛を持ってこそ、他の人がどのような態度を示そうと、愛を分け与えることができるのです。つまり、**いつまでも憎しみを抱いていれば憎しみが、愛と思いやりを持っていれば愛と思いやりが、外側ににじみ出てくるというシンプルなしくみ**です。

ですから、自分自身に「バカだ」といいきかせ、自分の内側に憎しみを溜め込むことが、よいことでないということがおわかりいただけるでしょう。

その人の人間関係は、その人自身の内なる旅とまったく同じコースをたどるでしょう。つらいことや、うまくいかないことばかりを経験するコースなら、人間関係もまた、つらく苦しいものになります。

しかし、人生を自分の目的に向かって進んでいる人の人間関係は、その情熱を反映したものになるのです。

「目的とは与えること」であることを思い出してください。人生でできることは、他の人々に惜しみなく力を貸すことでしょう。人間関係の奇跡もその中で起こるのです。

人間関係の究極の定義は、「相手が何人であろうと、どんな状態であろうと、相手の立場になって、してほしいことをしてあげる」ということ。自分自身を完全に与えることこそ、人間関係の目的なのです。

「私になんのメリットがあるのか」とばかり考えるのはやめましょう。無条件で与え、相手の対応を無条件で受け入れましょう。

たとえ相手がどれだけ嫌な態度をとったとしても、憎しみに対して憎しみで返し、怒りに対して怒りで対抗してしまうようであれば、それは相手の態度の問題ではなく、あなたの内側の問題です。

オレンジからリンゴの果汁は出てこないように、**あなたの内側にあるのが愛ならば、憎しみを返すことはできなくなります。**

「もらう」ことを考えていると、結局得られない

この場合の「愛」は、私たちが通常考えている愛ではなく、精神的な愛のことです。

人間関係の中に与える愛があるかどうかが、その関係が意味あるものか否かの目安になるでしょう。

インドの哲学者・クリシュナムルティの書物の中に、次のような一節があります。

愛することが人生で一番大切なことである。では、愛とはなんなのか。自分を愛してくれるから、お返しに人を愛するとすれば、それは愛ではない。愛することは見返りを求めない。ふつうでは想像できないような愛の感情を抱くことなのだ。

あなたは大変かしこく、試験に失敗したこともなく、博士号を持ち、高い地位についている人かもしれない。だが、もしこの無償の愛に反応する感受性を持っていないとしたら、心は虚しく、この後ずっとみじめな人生をおくることになるだろう。

ここでいう〝無償の愛〟とは、生きる目的であり、奇跡的な人間関係をつくる基本でもあります。

性の営みについても同じことがいえるでしょう。

なにも求めずに与えていれば、すばらしい興奮や満足が伴ってきます。

パートナーを本当に満足させているのだと知ってこそ、完全な性の営みができるのです。自分のことだけを考えているときには、目的から遠のき、自分の性的な行為の結果に執着しているにすぎません。


この愛は、他のあらゆる分野に通じています。

その人の内側に愛があれば、オレンジからオレンジの汁が出るように、すべてに愛を注ぐことができますし、愛を与えているときには、いつもと違う感覚があふれてきます。

相手を目に見える姿形としてではなく、姿の裏にある〝魂〟で見ることができるようになるのです。そして、このように感じるようになると、人間関係は奇跡のように輝きはじめます。

子育てで子どもたちに対するときも同じこと。今なにをしているか、行儀がよいか悪いかなどといったものさしで見ずに、彼らの心の深いところにある見えない部分を見るようにしましょう。愛情を持って魂と対し、愛を放てば、愛情ある反応がきっと返ってきます。

過去、家族の誰かとぎくしゃくした関係になったことがある人は多いと思いますが、もう、わだかまりは捨てていいのです。代わりに怒りや否定的な感情を、無条件の愛に置き換えていきましょう。

ただ必要なのは、精神的なことに重きを置き、肉体はそれにしたがうということだけなのです。

誰に対しても、なにも求めず内側の愛を惜しみなく与えて接していると、突然、自分自身が愛でいっぱいになることがあります。

これが悟りといわれる境地なのです。スピリチュアルな人になるということは、この悟りの体験をすることでもあります。

このようにして、〝愛〟を生きる目的にすると、不思議なことに、**それまで自分の人生に欠けていたものが得られるようになってきます。**

昨日まであれほど両親が許せないと思っていたのに、突然批判めいた気持ちが消えてしまう。過去を許し、愛情で接するようになると、両親との関係が一変する――こうして奇跡が起こるのです。

友人や仕事仲間との関係も同じです。

〝今、自分は誰かの役に立つためにここにいる〟という、人生の目的から外れてはいけません。

この基本的なことを無視する人があまりに多いのですが、絶対に忘れてはならないことなのです。

散歩ですれ違った見知らぬ人にも愛をおくりましょう。逆に、あなたもそうしてもらったらどんなにうれしいか、想像してみてください。

相手を生かすほど自分もまた生きてくる

無償の愛とは、ただ無条件に愛を与えることを覚えること。その場合、心にとめておかねばならないことがあります。

✦「自分こそが正しい」と証明しない

相手は間違っていて、自分が正しい――この思い込みこそ、不和の最大の原因です。**議論に勝ったり、自分のほうが優れていると誇示したり、相手の無知を証明したりしようとしてはいけません。**

精神的に豊かな関係とは、平等な関係なのです。どこの世界に「おまえは間違っている」といわれたい人がいるでしょうか。この世に〝正しい〟やり方はありませんし、議論に〝勝つ〟こともありません。一人ひとりに自分の観点でものを見る権利があるのです。

誰かに対して間違っていると指摘しそうになったら、こう思うようにしてみましょう。

「私の見方はあの人とは合わないけれど、だからどうなの。私の心でわかっていれば十分。あの人の見方は間違っていると、わざわざ知らせる必要はないわ」

精神的な関係に優劣はありません。この考え方を身につければ、やがて人に対する怒りは愛に変わっていきます。

✦相手の心に〝袋小路〟をつくらない

その人を、あるがままに愛していれば、その人だけの自由な空間もそのまま認めることができます。相手に対し「こうあるべきだ」という思いを押しつけてもかまわないと互いに思っているとしたら、嫉妬や恐れに苦しみながら相手に執着しているにすぎません。

誰もが自分らしくいられるような選択ができるよう見守ることが、愛情の仕事なのです。

静かに瞑想しながら、内なる高いレベルの自分と接触したり、内省したりする時間、ときには音楽を聞いたり読書したり散歩したりする時間などが、誰にとっても必要です。一人でいることは、互いにもっとよい関係を築くためにも、一人ひとりが他人にもっと与えられる人間になるためにも、大切なのです。

相手に「ちょっと一人でいたい」といわれたら、不安に思うのでなく、自分にとってもいい充電の時間ができたと考えましょう。

不思議なことに、相手を追いつめるより、自由な時間と場を認めるほうが、関係性が充実してくるのです。

✦その〝所有意識〟こそ、問題の元凶

人に支配されたり、所有されたりしたいと望む人はいません。

人はみな、それぞれが目的を持って、今この世に存在しているのです。人間関係は、目的を花開かせることも、また妨げることもでき、「所有意識」はその際に最大の障害になりえます。

他人に指図する権利は誰にもなく、自分がなんとかできるのは自分の魂だけです。

この教訓は、私の苦い体験から学んだもの。昔、私はパートナーに対し、こう考えろ、こうふるまえ、と命令し、それを当然のように考えていましたが、その結果、互いにストレスや欲求不満、確執に満ちた日々をおくり、結局は離婚することになってしまったのです。

現在の私は、妻を所有しようなどと思いもしません。

妻は妻であり、妻も私に対して同じように考えてくれています。私が一人でいる場を必要としているときには、妻のほうからそうするようすすめ、私のほうも妻にも自

由なスペースを持ってもらおうと思います。

二人とも心の中では互いを所有していないし、そんなことはできることではないとわかっているからです。

ときにはささいなことで支配欲が出ることもありましたが、そうしたとき互いの気持ちは離れていきました。今ではお互いを無条件に受け入れているので、すべてにわたり、以前よりずっと親密になっていく気がします。

これは私の身に起こった奇跡でした。

✦「わかり合わなければ……」が、互いをがんじがらめにする

他の人がなぜそうしたがるのか、なぜそのように考えるのかを理解しなければならないなどということは、まったくありません。

「私にはわかりません。でもそれで結構です」と心からいえることが、最高の理解なのです。

私には七人の子どもがいますが、一人ひとりが個性的で、みな好奇心のかたまりです。子どもたちにとっておもしろいことも、私にはまったく興味がないということも

多いもの。それに、彼らがすることもわからないことがほとんどです。

しかし、私はわかる必要はないと思っています。私のように考え、私のように人生を生きるべきだ、などという考えはとうに卒業したからです。

ただ、子どもたち自身にとって自分らしい旅ができるよう見守り、自滅的な行為をしそうなときには案内役になろうと思っています。

愛する人との関係も同じこと。相手がなぜそのテレビ番組が好きなのか、なぜこの食べ物が、そんな映画や雑誌が、そんな仲間が好きなのか、といったことを理解する必要はありません。理解するために一緒にいるのではないからです。

各々が目的ある人生をおくれるよう、互いに助け合うために一緒にいるのです。

「互いにすべてをわかり合わなければ」という思いを捨てたとき、こう思うようになります。

「私は妻のようには考えないけれど、妻の考えを受け入れることはできる。私が妻を愛しているのは、私にないものを与えてくれるからだ。

彼女が私と同じような人間なら退屈だろう。私は、妻の理解できない部分を謙虚に受け入れよう。私が愛しているのは、妻の肉体と行動の裏にある、目に見えない魂なのだ」と。

この気づきに至れば、すべての人間関係が豊かに変化しはじめます！

すべてがスムーズに動いていく「新しい関係」

多くの人が思い描く奇跡とは、つらい思いなどせずに、みんなと幸せで満足のできる関係になることでしょう。あるいは、初恋のころの新鮮な喜びの感情を望む人もいるかもしれません。

しかしいずれにせよ、そうした奇跡を現実にするのはあなたの心ひとつなのです。苦しみや結果を超越して、目的にのっとった人生をおくる、と固く決心しなければなりません。それができてはじめて、人間関係は心を反映していきます。

他の人々と精神的なつながりを生み出せるようになってくると、人生の他の場面でも、奇跡が起こりはじめるのに気づきます。

以前は偶然とか運と呼んでいたことが、じつは自分の持つ奇跡を起こす能力によるものだとわかってきて、**疑いや恐れを抱いていたときには思いつきもしなかった方向から、他の人の考えに触れたり、つながりを持てたりします。**

そう、相手が今なにを考えているかが、手にとるようにわかってくるのです。

これは不思議なことでもなんでもありません。あなたが高い意識レベルに至った結果なのです。

高い意識レベルにいると、直感がフル回転しはじめ、まわりの人々にも、自分と同じ目に見えない無限の知恵が流れているとわかってきます。

とくに愛する人とのあいだでは、二人の知恵と知恵が深く結びつき、今まで知らなかった次元の新しい関係を体験するようになります。

この新しい関係に肉体は関係ありません。どんなに物理的に離れていようと、相手の気持ちがわかるようになり、相手に電話をすれば、その相手は電話に出る前にあなたからだとわかるでしょう。すべては、己《おのれ》の心が生み出した奇跡なのです。

また瞑想中にも、「誰になにをいつ与えたらよいか」の導きが得られるようになってきます。それを実行すると、相手は「なぜ、あなたは私のことがそんなにわかるの？」と、驚くかもしれません。

ですが、あなたにとっては、もう当たり前のことなのです。

この話を信じない人もいるかもしれません。しかし、わかる人にはわかりますし、信じない人は信じない、そういうお話です。

老子は次のような言葉を遺しています。


天地ができる以前から、目に見えない完全ななにかが存在している。穏やかに静かに変わることなく独立していて、なんの誤りもなく動いている。きっと万物の母なのだ。名は知らないので、私はこれをタオ（道）と呼んでいる。


「人と人とはそれぞれ別個の存在だ」という信念に凝り固まっている人は多いものです。

たとえば、こう思うとします。「自分の指は自分の考えで動かせるけれど、相手の指は私に動かせない。だから一人ひとりは別々なのだ」と。

しかし、その考えを指に伝えているのは、なにか。私が指を動かすのも、私の妻が指を動かすのも、まったく同じ目に見えない力が働いているからです。

では、なぜ私が妻の指を動かせないのか。この問題について、アインシュタインの言葉をここに紹介しておきます。

「人間は自分自身、つまり、自分の思考や感情を、なにか他の人とは違ったものだと思う。だが、これは私たちの意識の幻覚である。私たちの使命は、この幻覚から自分自身を解放してやることに他ならない……」

自分と他の人は別々だという幻覚を捨て去ってこそ、自分と他の人をつなぐ道がつくられていきます。

動物や植物でも同じことがいえます。こちらが恐怖も敵対心も持っていなければ、猛犬でもゆったりとおとなしくなります。

すべての人、すべての物事に対して優しい大きな心を持っていれば、意味もなく花を引き抜いたり捨てたりするような、愚かで破壊的な行為とは、当然無縁になるでしょう。

今日一日の「舞台」でなにを演じますか

人間関係を変化させる力は、自分の内側に存在する――このことをしっかり受けとめてください。相手が変化して、いつかすばらしい奇跡が実現するだろうと待っていることほどムダなことはありません。

一つ申し添えておきますが、もし、自分が目的を見つけ、心の旅をしている途中で、「この人とは現実世界で一緒にやっていくことはできない」と思ったなら、そのとおりの選択をすればよいのです。その人との関係は、あくまで目に見えない魂が体験したことなのですから、現実のレベルで関係が終わったからといって決して失敗ではありません。

このことがわからない人たちは、現実生活であなたのもとから自然と消えていくでしょう。

具体的な関係が長いか短いかなどは、この本のテーマではありません。それは、一人ひとりの魂が決めることで、現実には別れたり離れたりすることもありえます。しかし、それはあなたや相手が敗者だということではありません。**失敗に終わったのは、人間でなく「その関係」**なのです。実際、宇宙的な観点から見れば、結局、人はすべての現実的関係を忘れて進むのですから。

しかし、魂が忘れられることはありません。

人生には、ドラマの登場人物のように、これからもさまざまな人が出入りするでしょう。端役《はやく》の人もいれば、一幕だけ主役を演じる人もいるでしょうし、総監督のあなたをサポートする演出助手や制作助手もいます。

たとえ大根役者であっても、ドラマに登場してくれたことがありがたいこと。誰もが欠かせません。一人ひとりがあなたになにかを教えてくれます。

過去を振り返ってみて、このことがわかれば、すべての人が愛おしく感じられてきます。

✦「肯定する」ことから本物の人間関係が始まる

この世には、幸せで充実した関係をつくっている人々がいるのだから、自分にもできると心から思いましょう。相手が「ああいう人間」だから無理だ、という気持ちは捨てること。そうした疑いを毎日一つずつ捨て去る練習をしましょう。「自分には、誰とでも幸せな関係になる資格があります」と声に出してくり返してください。

✦一番嫌いな相手だからこそ

心は、唯一自分が自由に考えられる場所。まずは、心の画面にポジティブなイメージを描き出し、そのとおりに考える練習をしてください。

今、自分が一番我慢ならない人物を思い浮かべてみましょう。親でも夫でも同僚でもいいでしょう。そして、心の中では、彼らに対する怒りや敵対心を克服した自分になったとイメージしてください。

相手がどんな態度をとっても、愛情を持って接する自分を描き、本当にそうであると思ってみてください。心の中の積み重ねが、現実の奇跡をスタートさせてくれます。

✦こう考えると〝過去の苦い関係〟がすっきり断ち切れる

思考や魂に限界はありません。その限界のないところに「関係」は存在しているのです。つまり、関係にもまた限界などないのです。

過去の苦い関係にいつまでもこだわるのはやめましょう。誰も責めず、こだわりのない自分を受け入れ、だからこそ自分の体験に限界がないことを再確認しましょう。**限界があるとすれば、それは自分が自分に押しつけたものにすぎない**のです。

あなたが出会った人の魂が、人生の真の目的からかけ離れていると感じたら、自分が持てる愛を十分におくりましょう。すると、愛を放つ回数に比例して、真の魂の友人が目の前に現われるようになります。そう信じて実行してください。

✦「いい刺激」を与えてくれる人とともに

自分を励まし、刺激してくれる人々と親しくなりましょう。そうした人々が見分けられるはずです。

相手が親しくなりたいと望んでいないようなら、その直感にしたがうこと。流れに逆らって強引に関係を築こうとしても、無理はききません。

これからの人生で精神的なサポート関係を築く魂の仲間は、男女を問わずたくさんいます。**どの相手も偶然ではなく、まさに登場すべきときに登場する**はずです。

これまで、人間関係は一方通行的なものだと思っていたかもしれませんが、どの人もさまざまなことを教えてくれていたのです。

愛をおくりつづけましょう。ただし、相手もあなたの精神的成長を支えたいと思っている人でなければいけません。それは、直感にまかせてください。

もし、そこで直感を無視すれば、つらい人間関係を経験するパターンをくり返すことになります。

✦自分が動けば相手も必ず動いてくれる

「私には幸せな人間関係をつくることができる。私にはわかる」とくり返し、自分自身で断言しましょう。

もし、少しでもあやふやな気持ちになったら、自分がこの関係でなにを求めているのかをすぐに思い出してください。すぐにそうすれば、相手に対して愛情を持って接したり、静かに話を聞いてあげたりするチャンスを失わずにすみます。

苦しみや疑いを通してではなく、深い理解を通じて学んでいきましょう。自分の能力に疑いが生じたときに愛や思いやりを放てば、疑いは薄められていくのです。

✦お互いが「かぎりなく成長できる」結婚の知恵

結婚になにを望むでしょうか。私たちは一人ひとりがユニークな存在で、結婚によって、それぞれの能力や個性が抑えられるべきではないのです。

精神的な結婚では、互いを自由な存在として認め、個人としての生き方を貫きつつ、互いに要求することなく、ともに生きていくのです。

自分の持っている権利は〝唯一与えることだけ〟。この原則にしたがえば、精神的な結びつきを得られ、人生の奇跡を体験することができますが、無視すれば、幸せをはばむ大きな障害をつくってしまうことになります。

✦自分の意志が〝自分の現実〟をつくっていく

この先、どんな人間関係を築きたいですか。

その際に大事なことは、他人を自分の望みどおりに動かそうとしても、それは不可能な話だということ。

友人をいいほうに変化させるために手を貸してやろうと決めても、〝相手の受け入

れ態勢が整う〟までは、なにもできません。

受け入れ態勢は、本人にしか準備ができないのです。

自分ができることといえば、自分の受け入れ態勢を整えることだけ。これがその人のパワーにもなり、その人の意志をつくり出す源にもなるのです。

相手が必要とするものを与える用意を整え、積極的な気持ちで自分が行動に移すこと。その後はなりゆきにまかせましょう。結果はクヨクヨ考えないこと。

幸せな人間関係を持とうという意志があるのならば、それにもとづいた行動をとりましょう。自分以外の人を、自分の意志で動かすことはできませんが、こうして自分が変われば、結果的に相手のふるまいが変わってくることも多いものです。

私は、アルコールや薬物依存症の人を、夫や妻に持つ人をたくさん見てきました。みんな相手の状態を軽蔑《けいべつ》し、また「まったく変わってくれない相手」との関係に嫌気がさしています。しかし、私は、そうした人々に対し、こうアドバイスしています。「あなたの意志で、相手の飲酒をやめさせることはできません。しかし、そうした相手にどのように接しつづけていくかは、あなたしだいなのですよ」と。

すべての人は愛し奉仕するために今、ここに存在しているのです。もちろん、奴隷になりなさいということではありません。ただ、愛をおくりつづけましょう。

相手が自虐的行為を続けるなら続けさせておくこと。でも、自分が犠牲になるようなことは絶対にしてはいけません。ただ、あなたが相手に心からつながれる健全な関係を持ちたいと望んでいることを、相手にはっきり伝えましょう。

この方法は、どんなカウンセリングより、酒や薬物を禁止するより効果があるのです。こうした刺激を与えることで、自分に否定的だった人が自分を大切にすることに気づき、すばらしい人生をおくるようになることがよくあります。

✦こんなにかしこい〝パスの返し方〟がある

「マイナスの関係を持つのはもうやめよう」と決心する瞬間は突然くるものですが、決心すれば今すぐにでも門を抜け、喜びの庭に入ることができます。

相手が争いを続けようと敵対的な態度を示したら、きっぱりとボールをはね返せばいいのです。もうドロ沼に絡《から》めとられる必要はありません。

「もう結構よ。愛以外のものが私の道にやってきても、私の意識には入らせない」と自分にいいきかせましょう。

これが悟りの瞬間です。ただ心の持ち方を変えさえすれば、奇跡がやってきます。

✦"自責の念"はもういらない

心の中で考えていることは、自分の中に広がっていくということを決して忘れてはいけません。大切な人間関係はすでにどれも理想的な関係にあると思い描きましょう。

ある日、私がオクラホマ・シティで講演を終えたとき、一人の女性が涙を浮かべて私に礼をいってきました。七年以上も口さえきいてくれなかった娘と、昔以上に親密になることができたというのです。

この女性は娘との関係がこじれてにっちもさっちもいかなくなってしまったのですが、一年ほど前に、たまたま知人が私の著書をプレゼントしてくれたのだそうです。

本を読んだ彼女は、自分と娘が仲のよい楽しい関係であると思い描こうと決めました。心の中で、楽しいイメージを描くようにして丸一年、本当にこの想像が効果を現わしはじめました。

まるで、それが現実になったかのように、笑顔で毎日を過ごしはじめたのです。今では母子は、本当に愛情あふれる関係を築いているといいます。

✦〝見えない自分〟にまず注意を払う

苦痛は見えない部分には起こりません。次元も境界も形もない部分には起こりようがないのです。苦痛は見える部分、肉体に現われます。胃痛、胸の息苦しさ、涙、口の渇き――どれも苦しみの表現です。

「魂を伴った肉体」から、「肉体を伴った魂」へと一八〇度変わりましょう。自分の求める物事は、まず自分の心の中で実現させてください。そのイメージこそ、肉体の表現のカギなのですから、細心の注意を払いましょう。

肉体が喜びを感じるか、苦しい状態におちいるかは、自分の心のイメージしだいなのです。魂の声に耳を傾け、理想の姿をいかに実現するかを真剣に問い、心と対話すれば、現実の行動も、前向きで愛に満ちた思考にしたがうでしょう。

✦返事をする前の、「ひと呼吸」

人間関係の不和や確執を嫌だと思うなら、なぜ、そういった関係におちいったままなのかを考えてみましょう。

自分も当事者の一人だということを忘れてはいけません。

その関係の中で自分はなにをしているのでしょうか。自分の正しさばかりを主張したり、他人を自分の思いどおりに動かそうとしたりしていないでしょうか。

望んでいない関係の中にいるままでは、いくら追及してもよい答えは出てきません。アルコール依存症の人のように、いつまでもその悪循環に固執しつづけますか。

自分がやめようと心の中で決める他に方法はありません。

決心したら、どんな方法でも使うこと。関係を悪くさせる言葉をいいそうになったら、口を閉じ、言葉を発する前にひと呼吸おきます。

相手の不愉快な態度には、最初は無理をしてでも愛ある態度で応えましょう。どんな方法であれ、まず自分の心の中で実践してみましょう。

✦あらゆる人間関係に劇的に効く〝特効薬〟

相手になにも求めてはいけません。

人間関係に奇跡を生むには、この方法は特効薬です。私自身、妻に対してこの方法を実践したときには、あっという間に二人のあいだのわだかまりが解けました。たとえ妻の行ないが理解できなくても、それは、私に与えられた修行なのです。妻に怒りをぶつけるのではなく、彼女の行動に判断を下すことなく、彼女の魂に合わせてサポートするようにしました。

相手を理解できるはずだ、相手も私のやり方に賛同できるはずだという期待を捨て去ったときにだけ、無条件の愛情で接することができるのです。

子どもたちについても同様です。導いたり助けたり、モラルを教えたりはできますが、〝こうあるべき〟という期待を押しつけることはできません。

もちろん、行き過ぎた行為を大目に見ようというのではありません。ただ、すべきでない期待や、その期待を持ったがために味わうつらい思いを、抑えましょうということです。

〝心のつばさ〟に制約はつけられない

まわりの人がどんな反応をするかを、前もって予習しておきましょう。瞑想の時間を持ち、心のスクリーンに浮かぶさまざまな新戦略をイメージしましょう。

自分が理想とするスピリチュアルな人間を、心のスクリーンに映し出し、どうしたら奇跡的な関係がつくれるかを自問してみるのもよいでしょう。

瞑想をしているとき、心の中ではなんでも創造できます。古今東西の誰でも、自分があこがれている人物を、自分の心の中に連れてきて導きを頼むことができます。疑いを捨て、ひたすら耳を傾けましょう。


ここまでの内容は、どれもはじめのうちはむずかしいかもしれません。

「あの人たちが変わりさえすれば、私たちの関係は完全になるのに！」といった具合に、他人のせいにするほうが楽で、ついそうしがちだからです。

「愛にあふれた与える関係」がどういうものか、子どもを持つ母親を見ればわかります。母親は母としての教育を受けなくても、心の内からわき上がる無条件の愛で子どもを見守り、見返りなど考えず、なにも求めず、自分自身を与えています。だからこそ、私たちは人間として生きてこられました。そうでなければ、生後二、三日で赤ん坊は死んでしまうでしょう。

この関係こそ、お手本にしてください。

5章

これから手に入る富に、限界はない

この宇宙には一カ所だけ、修繕のきくところがある。
それはあなた自身である。
――オルダス・ハクスリー（作家）

「豊かな自分、豊かな人生」

他の章でも述べているように、ここでもまず、〝豊かさ〟の定義として教え込まれてきた信念について、今一度考え直してほしいのです。

本当は自分がどのような人生を望んでいるのかを、心の中でイメージしてください。自分が考える人生の究極の豊かさとは、どういったことでしょうか。どれだけのお金を望み、どれだけ豊かになりたいのでしょうか。

さて、ここでしっかりと目をあけて、今までにどれだけの豊かさを自分が築いたかを振り返ってみましょう。

そう、それがこれまでつくり上げてきた豊かさであり、行為の基盤になっていることなのです。

多くの人は、自分の豊かさがこんな程度なのは、自分のせいでなく、他人や社会の状況のせいだと考えたいものですから、この事実は受け入れがたいものでしょう。

しかし、必要なことは、自分自身の内側を見ることだけです。前向きに信じ、手に入れようと思えば、すべて得られるのですから。

思想家、ジェームズ・アレンは、**「環境は人をつくるのではない。人を明らかにするのだ」**といっています。しかしながら、**今、その人がおかれている環境が、その人が何者であるかを示している**というこの考え方には、すぐには賛成しかねる人が多いと思います。

貧しい人々に対して、こうしたことをいうのは残酷だとも感じるでしょう。たしかに、貧しい人は、貧しい環境を自分から選んだわけではありません。しかし、そう考えているかぎり、自分の欠乏意識は変わらないですし、今の環境を乗り越えられないのも仕方がないことです。

今、自分がいる状況の基盤となる考え方を明らかにすることは、貧しい状況にいる人々にとっても、役に立つと思います。

そして、貧困から豊かな人生へと歩むことができた人々のことを思い浮かべましょう。彼らには他の人々とどのような違いがあったのかをよく考えてみると、いずれの場合にも例外なく、心の奥深くでの考え方や姿勢がカギになっていることがわかります。

ラジオのトーク番組で私がこの考え方を述べたとき、司会者から「その考え方は貧しい人々に対して傲慢ですよ」と非難されたことがあります。

ところが、あるリスナーが番組あてに次のような電話をかけてきてくれました。内容をかいつまんでいうと、「自分は中南米のきわめて貧しい家庭に育ったが、幼いときから医者になる夢を抱きつづけ、とうとう実現させた。しかし、他の十三人の兄弟姉妹は、そうした夢をあきらめたために、依然として貧しい生活をおくっている」というのです。

じつは私自身も、貧しい家庭から抜け出してきました。

どうか、この二例を特殊だとは考えないでください。

これは誰にも可能なのです。

本当の豊かさを体験したいならば、**古い考え方を捨て、豊かになるためになにができるか、という新たな想像をふくらませなければなりません。**

「私には○○が欠けている」という思いが、邪魔をする

自分の心をよく見つめ、次のような考え方が意識の中にないかどうか確かめてください。

・ものはすべてに行き渡るほどない
・自分がとらなければ、誰かが先にとってしまう
・豊かさの海には魚がたくさんいるだけだ
・チャンスは訪れるかどうかわからない

こうした考えが少しでもあるとすれば、その人は「欠乏の世界」にいます。「なにか足りない」という概念が、頭にこびりついてしまっているのです。

心の中に豊かさを根づかせるには、この「欠乏の意識」をとり除かなければなりま

せん。次にあげる項目は、豊かに生きるための必須ポイントですので、よく考えてみてください。

✦特別なものなど、なにもいらない！

誰もが人生を豊かにすごすために必要なものをすでに備えていて、これから備えるべきものなど、なにひとつありません。

ここで、おもしろい話を紹介しましょう。

ボロをまとった男が、道路工事の親方のところにやってきて、

「助けてくれないか？　仕事が必要なんだ」

といいました。親方は、

「よし、向こうの石を丘の下まで転がしてってくれ。仕事がいるのなら、それで満足できるだろう」と答えました。

男「わかってないね。本当に必要なのは金なんだよ」

親方「ああ、必要なのが金だけなら、ここに五〇ドルある。だが、使っちゃダメだ」

男「わかってないね。本当に必要なのは食べ物と油と服だ。たんなる金じゃない」

親方「それが本当に必要なら、その金で食べ物と油と服を買えばいい。だが食べ物を食べたり、油で火を灯したり、服を着たりするなよ」

ついにその男は、自分が本当に必要としているものを見つめざるをえなくなりました。それは、生きるための「安心感」であり「心の満足」だったのです。

どれも目に見えない心の「余裕」でした。

そう、人生のこの内的な感覚を育てれば、奇跡が生まれるのです。

すべてはすでに自分の心の中にあるのですから、ただその力を信じれば、豊かさを実現させる第一歩が踏み出せるでしょう。

✦「ないない尽くし」の悪循環

「金が十分にない、学歴も素質も力も、裕福になれるほどはない」――こんなことを自分にいいきかせているときは、「ないない病」の見方に立って自分を縛っているのです。このような状態にいては、すばらしい奇跡はやってきません。

この考え方から抜け出すには、これまでことごとく押しつけられてきた価値観から目覚めることです。

自分は今のままで完全なのです。

自分は完全なのだとわかったときにこそ、人生のすべてに対して、これまでとはまったく違った方法でとり組むことができます。

どういうことか、ご説明しましょう。

あなたをはじめ多くの人が、これまでなじんできたのは、いわゆる**「不足の動機づけ」**です。つまり、人生になにかが足りないからと、それを補う計画を立てて実行してきたのです。

しかし、この考え方が行動の動機になっていると、求めたものを得ても、次にはまた別のものが足りないと思うだけなのです。結局のところ、いつまでたっても豊かさを体験することはできません。

自分の心が、つねに足りないものを手に入れることにばかり向いているので、満足を知らず、次々と求めつづけることになってしまうのです。その過程で、苦しんだり自信を失ったりしていきます。

もう一つ、**「成長の動機づけ」**という考え方が存在します。

これこそ、本物の豊かさを体験した人に共通の考え方といってもいいでしょう。この考え方は、「私は今この瞬間、完全な存在だ。幸せになるのに欠けているものなどない。もちろん、日ごとに自分は変わっていくだろう。細胞は日に日に新しくなるし、十年前の自分と今の自分では肉体的には明らかに違う。だが、私は肉体を超えた存在なのだ。私は成長する。しかし、今の自分より大きくなるということではない。ちょうど空模様が二、三時間で変わるように、今は今で完全で、なにも欠けてはいないのだ。なぜなら、きっと明日はまた違うのだから」というふうに表現できます。

この考え方は、欠乏感から来ているものではありません。

この考え方をしていると、夢や喜びが動機となって、自分の思い描く人生を生きはじめるようになります。すると不思議なことに、必要とするものが必要なときにあなたのところに舞い込んでくるのです。

なにも足りないと思わず、今の自分に満足して生きるほど、豊かさの印《しるし》であるお金、人材、力などが引き寄せられてくるようになるのです。

つまり非常に逆説的なのですが、求めるほど手に入るものは少なくなり、求めないほど手に入るものは多くなるということなのです！

✦自分の首をしめている「分割発想法」をやめる

自分自身と豊かさを切り離して考えてはなりません。結局のところ、豊かであるという概念は、すべて自分の中に存在しているのです。

わかりにくいかもしれませんが、豊かになりたいと思うのであれば、自分を一つの豊かな存在としてとらえることが重要なのです。

思想家のケン・ウィルバーは名著『無境界（*No Boundary*）』の中で、「私たちの問題は、たとえば見るという一つの体験について、『見る側』『見ること』『見られる側』と三つの言葉を持つことだ」といっています。

体験の本質は一つであるのに、私たちは分けて考えることに慣れすぎてしまったのです。

豊かさの体験も同様で、「豊かな考え方」「豊かな行動」「豊かなもの」があるわけではなく、もともとは同じ一つのものなのです。

自分は豊かだと信じていれば、その意識が人生に反映されます。

豊かな人生を求めるとき、あなたはすでに豊かなのです。この意識をしっかりと自分の中に植え込みましょう。

豊かさは見つけようとするものではない、それはすでに自分の中にあるものなのだ――それがわかったときには、日々の行動がそれを反映していきます。

もし、今の生活が貧しいというのであれば、その状態は外側から訪れたものではありません。今の人生のおくり方にすぎないのです。

✦「価値ある自分」を徹底的に信じる

人間の本質というのは、目に見えず境界線もありません。

その中では、一切の判定も評価も下されることはないのです。

この宇宙から見れば、誰が誰より尊いなどということもなく、存在価値はまったく同じです。

にもかかわらず、自分は豊かになるほどの価値がないと思うなら、人生は豊かなものにはならないでしょう。自分は豊かな人生を生きるに値しないと考えれば、豊かさを引き寄せることができず、自分をつまらない人間だと思えば、愛情も得られないでしょう。

自分が人よりも優れているとかいないとか、劣っているとかいないとか、そういうことは一切ないのです。自分はただ自分なのです。

そして、あなたには豊かさを手にする価値があるのです！

自分がスピリチュアルな存在だとわかれば、自分より他人のほうが豊かに生きる価値があるとかないとか、その種の比較は無意味になるでしょう。

たしかに多くの人々は他人との比較に明け暮れ、それが人間の本質であるかのように信じ込まされてきました。

人より先んじようと、汚いやり方を用いる人間が出るのも当然の結果なのです。子どものときからさまざまな比較の中で育ってきているため、多くの人が他人との優劣でしか自分の価値を測れないようになり、あげく自分は豊かな人生をおくれるような人間ではないという考えを身につけはじめます。

競争の文化は、他者をやっつけることに価値を置きますが、協力の文化の中に生きれば、互いが互いの価値を認め、高い次元で助け合うことができます。

どちらを選ぶかはあなたしだいです。周囲の人がみな競争の原理で生きているからといって、それを手本にしなければならないということはありません。

「他人の豊かさ」を喜べる人にツキがやってくる

他人のライフスタイルや成功を目にして、自分が見下されていると感じたり、嫉妬ではらわたが煮えくり返ったりするようなら、あなたは愛のないネガティブな状態におちいっています。

もし、自分の中に愛しかなければ、出てくるものは愛だけなのだということは、先の章でも述べました。

「自分がまだ得ていない豊かさを、すでに獲得している人に対してどう感じますか」

この質問に対する答えで、自分の中にあるものがわかってしまいます。

敵意や怒り、嫉妬、恐れ、緊張といった感情があふれていれば、豊かさを呼び込むことはできません。こうしたネガティブな心でいると、欲しいものは遠ざかっていきます。充足感と嫉妬は同時には存在しえないのですから。

豊かさを得た人は誰であれ、それを受けとって味わう権利があるのだ、という考え方を自分の中に育てましょう。

その方法が、たとえ〝汚い〟と思えても、だからといって、その人を憎んだり怒ったりする理由にはならないのです。

他人を蹴落として利を得たような人には、いずれ宇宙の法則が対処をするでしょう。しかし、豊かさを得ている人のほとんどは、あなたの愛を受けとるにふさわしい人々なのです。

他人のことを気にするのをやめ、今、自分がなにをしているかに目を向けてみましょう。

他者を評価することは、その人を定義しているのでなく、自分自身を定義していると考えましょう。

愛のない嫉妬深い人間だと自分を定義したいのでしょうか？

他者の豊かさを喜びましょう。

あんなふうにはなれない？　いいえ、あんなふうになれるのです！

〝あんなふう〟が自分の人生でなににあたるのか、それを静かに受け入れ、愛をおくり、豊かな人生を想像するよう努めましょう。

1の〝行動〟に99の〝報酬〟

ここまでご説明したとおり、我慢したり、成果を得たりするために学んでも、結局はさらに苦しくなるだけなのです。

仕事について考えてみてください。多くの時間とエネルギーを費やして、好きでないことをする。しかし、家族を養い生活していくには絶対必要なのだと思っている……では、逆にこう考えてみてはどうでしょう。

人間の九九パーセントは目に見えず（思考や精神）、たった一パーセントだけが見える（肉体）としたら、自分の嫌いなことをしている人は本質的には〝ニセの存在〟ということになります。**今の仕事が嫌だと思いつづけながら、自分のからだは、その仕事を行なっている**のです。

一パーセントがその行為を行なって、九九パーセントは人生のその行為を嫌悪する——考えていることが、行為へと広がるのであれば、人生における見える部分は、嫌悪でいっぱいになってしまうではありませんか。

このように生きているかぎり、人生の充実感など味わえるはずがありませんし、奇跡がやってくることもありません。

奇跡を起こすために必要なのは、心の中の喜びや調和です。苦しむことや結果の追求をやめ、もっと大きな「生きる目的」に目を向けなければなりません。

仕事や毎日の行動の中で、つねに目的に向かっていると、「目的とは結果にかかわらず与えること」なのだとわかってきます。

やがて内なる意識も「いかに奉仕するか」へと比重がおかれてくるでしょう。その意識を人生の中心にすえるようになると、もう本物の豊かさの道を歩み出しているのです。

そして与えていると、かぎりなく自分に戻ってくることが体験できると思います。

豊かさとは、人生に無限の富を持つことだと考えていいでしょう。

しかし、持っているものを溜め込んだり、富を所有することばかりに目が向いていては、そこに至ることは決してありません。大きなものさしで見れば、この世に生きているあいだはなにも所有できないし、なにも獲得できない――人生は、与えることしかできないのです。

このことを忘れてはいけません。与えることが自分の豊かさのカギだと悟ったとき、その豊かさは、すでに自分にあることにも気づきます。

本来、自分自身を与えきることはむずかしいことではありませんが、あなたにとってはどうでしょうか？　むずかしいと思う人にとっては、むずかしいでしょう。

そうした人々は、豊かな人生を望みながら、自分の財産ばかりを気にかけるのです。だから働いて苦悩して、目標を立てるのですが、そこに到達することはありませんし、満足することもないようなのです。

本当に成功した人々を見てみると、どんな分野であれ、その人たちが決して結果に目を向けていたのではなく、結果のほうがついてきたことがわかります。

あるビジネス誌に寄せられた「大成功者の秘密」と題する記事の中に、こんな保険のトップセールスマンの話が載っていました。

そのセールスマンは、ある日、心臓病にかかった契約者に支払い請求書一式を渡すために、彼の家を訪れました。新たな契約など見込めないので、他社の保険セールスマンたちは請求用の書類を渡してさっさと帰っていったようです。

しかし、そのセールスマンは違いました。

他社の分も含め、支払いが確実になされるよう、すべての書類の書き込みをすませてあげました。その契約者は「お礼に」とお金を渡そうとしましたが、彼は断りました。

数日後、このセールスマンのもとに一通の手紙が届きました。そこには名簿が同封されており、そのセールスマンに保険の相談に乗ってほしいという友人や親戚、総勢二十一人の個人情報が記されていました。おかげでそのセールスマンは、何百万ドルもの売り上げを得ることができたのです。

結果を考えずとも結果がついてきた端的な例でしょう。


人に与えれば与えるほど、人になにかしてあげればあげるほど、自分に戻ってくるのです。しかし、本人に所有欲はまったくないので、さらに今まで以上に他者に与えるようになる――こうして「人生の奇跡」が確実に循環していくのです。

これは、どんな職業にもあてはまります。

企業もまた、「与えること」を無視して効率第一、金儲け第一に走っていては、本当の豊かさを享受することはできません。まだ不十分、まだ上があると、つねに欠乏感にさいなまれるだけなのです。

たとえば一カ月など、ある一定の期間を定めて「与える」意識をしてみてください。

そして、奇跡の兆《きざ》しが現われるかどうか、様子を見てみましょう。

この方法のいいところは、今すぐにでも実行できるということです。ただ、自分の中の高い自分と接触すること。すると、生きることがこれほど楽で魅力的なことなのかと、すぐに気づくはずです。

ポイントは自分を解放し、気持ちを楽にすること。さあ、やってみましょう。

〝持っている人〟が実践している5つのルール

心理学者のミハイ・チクセントミハイは、著書『フロー体験（*Flow*）』の中で、豊かな人生をおくっている実業家や一流スポーツ選手、芸術家らをあげて示しました。

博士によると、「流れるように集中する」ことの根本は、自分の限界に向かって自分が行なう投資であり、それをしているあいだは、一瞬一瞬が完全な喜びになるといいます。「一度この喜びを味わうと、あることを成し遂げるための努力が倍加されるようになる」と。

先にふれた、導きを得たときにすべてが完全にうまくいきはじめる感じと同じような力が満ちてくるのです。

このように人生がひとつながりの流れのように感じるとは、完璧な集中状態を達成するということ。つまり、他にはなにも存在しなくなるということなのです。

この完璧な集中状態になると、なにものにも縛られない喜びがからだの中にあふれ、「自分が今、ここにいるのはそのためなのだ。今、ここでそれをすることが自分の使命だ。自分は大きな使命を背負って生きている。それ以外のことはなにもない」と教えてくれます。

では、実際にこの状態に到達するにはどうすればいいのでしょうか。

ポイントを5つご紹介していきます。

✦最高の仕事はこの〝一体感〟から生まれる

なによりも優先できる人生の目的を持つと、それによって、仕事がいっそう意味深いものになります。自分のことは忘れて、どうすれば他者に一番喜んでもらえるようになるかに全エネルギーを注ぎましょう。

心の中で、自分が仕事そのものになってしまえばいいのです。

書いている報告書そのもの、準備している料理そのものになりましょう。

あなたと作業は別々に分かれたものではなく、一体なのです。

あなたは目的の道へ向かっていて、その目的と一体なのです。

✦〝五感〟の奴隷になっていないか

心はトレーニングしだいで集中させることができるようになります。だからこそ、私はこの本で瞑想の大切さを力説してきました。

五感に振り回され、それらの奴隷になる必要はありません。なににも邪魔されない透明で自由なスペースを、心の中につくることができるのです。

私は今、マウイ島で妻と七人の子ども、それにしょっちゅう遊びにくる子どもたちの遊び仲間と、にぎやかで楽しい時間を過ごしていますが、その一方で、自分のために小さな部屋も借りています。鍵は一つ、電話も通じない場所。毎朝五時に起き、瞑想し、その後で執筆や調べものに没頭しています。

妻以外は私の居場所を知りませんし、なんの邪魔も入りません。

そこで私は心も肉体もすっかり新陳代謝できるのです。

みなさんも、こうしたささやかな一人だけの時間を持つように心がけてください。それには、くだらないおしゃべりで頭の中をいっぱいにしないこと。これは訓練すればできることです。そしてこれができたときには、人生の流れとはなにか、行動の奇跡とはなにかがわかりはじめます。

静かな場所でも、職場や家庭でも、この訓練はどこでも可能です。

✦「過程(プロセス)」を大事にする

なにかを得ようとあがいてはいけません。

むしろ、実際のプロセスに身をまかせましょう。

神に、あるいはもっとレベルの高い自分に、そしてつねにともにある目に見えない力に自分をゆだねましょう。それは、あなたの五感を超えた存在です。結果や見返り、お金、栄誉については忘れ、心も肉体も完全に「今現在起こっていること」に没入します。

プロセスではなく結果にこだわると、心の中には羨望《せんぼう》や嫉妬、不協和音しか生まれませんが、プロセスを大切にすれば、「なめらかで美しい人生の流れ」をつくり出すことができるのです。

どのように身をゆだねるのかって？　**ただ本来の自分らしくいればいい**のです！

なにかを達成しようと苦しんではいけません。豊かさとはプロセスのことであり、結果ではありません。くり返しになりますが、プロセスにこそ生きる目的があり、その目的とは愛することと与えることなのです。

✦ 一日一回、〝心弾む経験〟を

これまで述べたポイントが実行できるようになれば、恍惚《こうこつ》とした瞬間が訪れるでしょう。そのときに、これが至福というものか！　とはっきりわかるはずです。

この恍惚感は、自分の内側を温かいシャワーが流れるような感じだとお伝えしておきましょう。

この感覚を得られることで、自分が正しい道を歩んでいるとわかり、また先へと進むことができます。

✦〝内なるエクスタシー〟を仕事に活かす

仕事をもっと充実させるカギは、じつはこの恍惚状態にあります。

すばらしい仕事は、すべてこの状態から生み出されます。この状態に到達したときから、驚くほど生産的になるのです。

喜びが内側で感じられると、その喜びがもっと欲しくなり、その喜びをつくり出せばつくり出すほど、生産的になっていく……というしくみです。

私がこの内なる喜びを感じたときには、一日中でも原稿を書いていたくなり、講演を続け、人々とこの喜びを分かち合いたくてたまらなくなります。

講演が終わり、他の講演者たちがホテルにすっかり引き揚げた後も、もっと話を聞きたいという人々に囲まれ、ずっと話をしていてもちっとも疲れないのです。

同じ条件でスタートしても……

まず自分の心に何を描くか、その責任は自分にあり、また自分にしかないのだとしっかり悟りましょう。そして、現実の世界を描き出すということが、どれほどすごいパワーを発揮するかを知りましょう。

スポーツの分野で傑出している人たちは、自分はどのようにヒットを打ちたいのか、ボールを蹴りたいのかを、前もってイメージしています。

心の奥深くの魂が文字どおり現実のありさまを形づくっていくのです。

古代の哲学者・アリストテレスの言葉「魂というものは画像なしで考えることはない」は、現代においても普遍の真理です。

セールスにおいても、契約がとれなくて苦労している人は、見えないイメージに操られ、「最後の詰め」をおこたっているのではないでしょうか。そうした人々が心のどこかで信じているのは、「今までずっとダメだったじゃないか」「時間のムダに決まっている」「本当は私から買う気なんてないんだ」といった言葉です。

刻み込まれた意識が、こうした予言を実現させる方向へと導いてしまいます。

では逆に、「人に与え奉仕する」という目的に沿って考えてみてはどうでしょうか。

「他人を助けるときに時間をムダにはできない」「私の愛はきっと伝わるはずだ。誰かにできることであれば、私にもその能力はある。他の人に通う知恵は、私にも同様に通っているのだから」

心に思い描くプロセスが、心に豊かな意識をつくり出していき、それは誰にも奪うことはできません。

二人のパティシエが、同じ調理法、同じ素材、同じオーブンでケーキを焼きました。

一人はもちろん、大きなおいしいケーキができるだろうとイメージし、そうしてできあがったケーキは、見た目も味も最高のケーキでした。

もう一方のパティシエは、疑いと恐れの心にさいなまれ、今回もダメかもしれない、自分には才能が足りない、という「欠乏のイメージ」でとり組みました。

後者は、どれほどがんばっても、「やっぱり。うまくいきっこない」という疑念に満ちた予想どおりのケーキしかつくれないでしょう。

すべて同じものを使っているにもかかわらず、内側の認識が違っただけで、正反対の結果がもたらされるということを、私は人生で何度も目の当たりにしてきました。

自分を支えてくれる「強い力」

つまりは、この心の使い方しだいで現実世界や生活環境を変えられるということです。豊かさの意識の原則にしたがえば、お金や富が人生にふんだんに流れ込んできます。その流れは、自分の職業がなんであれ効果を現わし、収入にも影響を及ぼすはずです。

たいていの人は、金儲けというのは自分の外側の力が行なっているゲームだと思っています。経済、株式市場、利率、政府の方針、雇用政策などがゲームのメインです。しかし、スピリチュアルの考え方では、金儲けも自分が自分自身とのあいだで行なっているゲームなのです。

お金をつくり出すことは、人生で他のものをつくり出すこととまったく同じしくみです。**豊かさは、人が豊かさにこだわらなくなったときにやってきます。**目的に向かい、それに没頭し、チクセントミハイのいう「流れるような集中」を感じていると、結果として豊かさが自分の中に次々と流れ込んでくるのに気づくでしょう。

豊かさは、健康や愛情や幸福、その他自分が求める奇跡的な出来事と同じく、それ自体が目的ではありません。追いかければ必ず逃げてしまうものなのです。追いかけているうちは、決して満足感が得られず、結局は大きな苦しみをかかえてしまいます。

世の中には、莫大な財産を持ちながらも魂に目的がない人も多く、はた目には大活躍しているように見えるのに、薬物に溺《おぼ》れたり自殺を図ったりする俳優、失敗を怖れるあまり病気になり、結局は事業に失敗して命を断つ経営者など、例をあげればきりがありません。

逆に、魂に目的を持って生きている人は、自分がなんのためにここにいるのかを知って行動し、どれだけ稼いでやろうか、ということについては考えません。すると不思議なことに、豊かな生活をおくるのに十分なお金と富が舞い込んでくるのです。これが人生の奇跡というものです。

私自身、お金を必死に求めていたころは、満足できる額が得られたことはありませんでした。目的のために生き、他者に与えることを考えるようになったら、あらゆるものに恵まれはじめ、今では豊かに暮らすことができるようになりました。

これまで不可能だと思っていたことを実現させる、そのポイントをいくつか記しておきましょう。

✦ "喉のかわき"は水だけでは癒されない

インドのヨーガ伝道師・パラムハンサ・ヨーガナンダは、次のような言葉を遺しています。

心に安らぎなく、物質的な豊かさにとりつかれるのは、湖で泳いでいながら喉を嗄《か》らして水を欲しがっているようなものだ。物質的な貧しさが避けるべきものならば、精神的な貧しさはそばを通ることさえ避けるべきものなのだ！　というのも、精神的貧困は物質的貧困と異なり、人間の苦しみの中心にあるからだ。

奇跡の世界に生きたいと思うなら、この言葉をしっかりと覚えておきましょう。なによりもまずやるべきことは、自分自身の中に精神的な意識をつくること。

あとは宇宙におまかせしていればよいのです。

こんな〝古いイメージ〟は捨ててしまう

これまでずっと習慣になっていた〝足りない〟という考え方が、意識の中に顔を出しそうになったら、自分に向かって「はい、次！」といいましょう。

そうすれば、今、自分は古い考え方と訣別《けつべつ》して、新しい考え方で歩みはじめたのだと思うことができるようになります。

さらに、現実世界でこうありたいと思うことを紙に書いてみましょう。それを何度も眺め、読み返してください。

こうすると、心の中にいっそう深く、そのイメージが根づき、実現へと動き出します。

✦心の中の〝夢工場〟をどう活かすか

豊かさの「専用エリア」を心の中に確保しましょう。そこは一切の疑いが介入できない場所です。

ときどき、そこへ戻りましょう。豊かな状態にいる自分を細部に至るまで詳細に描き、イメージを明確にしましょう。このエリアは、自分だけの自由な場所。誰もその自由を奪うことはできないのです。

「宝くじで○億円大当たり」といった偶然の幸運については、想像するだけムダです。自分がつくり出すことのできる部分にだけ、集中しましょう。

そうすれば、すぐにその豊かなイメージにもとづいて行動ができるようになります。

✦まず行動、結果はその後ついてくる

どんなものも、ミクロのレベルまで突き詰めれば無の空間にすぎないということを、まずしっかり頭に入れておきましょう。そうすれば、物質世界に振り回されることが、どれほど愚かなことかわかってきます。

豊かさは他のすべてのものと同じで、心で体験するもの、ということを忘れてはい

けません。自分が豊かだと思うことができれば、他の誰もその気持ちを奪うことはできませんし、生活は豊かでありつづけます。

不思議なことに、物質的な財産がなくても自分を豊かだと思い、その思いにしたがって行動していると、そのうちにその思いに比例して、物質的な財産が舞い降りてきます。

✦「ないない病」から脱出する

人生にあれが足りない、これが足りない、どうして他者に先んじられないのか、などということばかりを気にしていないでしょうか。

もしそうなら、心が「ないない病」にとりつかれています。

こうした欠乏意識は、苦難や敗北などと隣合わせなのです。人と会うごとにつらいことや、うまくいかなかったこと、グチばかりをいっていませんか。

自分自身で一日を振り返ってみて、欠乏意識から出た考えや行動がないか、一つひとつチェックするようにしてみてください。

そして最終的には、「自分はすでに豊かである」という新しい考え方にもとづいて行動し、新しい状況をつくっていきましょう。

なにをやってもうまくいく〝幸運のスパイラル〟

ここまで述べたとおりに、自分自身の考えや行動をチェックし、自分の中に〝欠乏意識〟と〝豊かな意識〟がどれだけあるかを調べたら、あとは自然に身をゆだねましょう。クヨクヨ考えるのはやめ、自分の中にある見えない力を信じるのです。

豊かさの宇宙の法則は永遠であると知ること。そして他の人に作用したことは自分にも作用するということ。これをすっかり受け入れ、安心感が満ちてくると、自分のなすべきことがわかってきます。

〝自己投資〟は早ければ早いほど有利

総収入の何パーセントかをとり分け、その分を自分に投資すること。貯金に回して奇跡を起こすための資本金と考えましょう。

どのように増やし、管理していくかはあなたしだいです。

これを早いうちから行なっていれば、三十歳までに経済的に楽に暮らしていけるようになるでしょう。

実際には自分の豊かさを信じ、将来への投資を行なうだけのことです。子どもたちに教えてあげれば、経済的な豊かさへ向けていいスタートが切れます。

お金と〝精神の高み〟とは立派に両立する

お金は天の恵みという人もいれば、大敵と思う人もいて、精神面、物質面を問わず、さまざまな問題の火種となっています。

ただ、覚えておいていただきたいのは、人生の目的が「与えること」であれば、必然的にお金は必要になりますし、その目的に妥協なく忠実であるとすれば、その使命を達成する手段として自然とお金が入ってきます。

一方で、自分はお金を得るに値しないと思ったり、お金は強欲の象徴だと考えていたりするようなら、それは、お金が入ってくる道を閉ざしているのと同じです。

そう、お金を非難していては罠《わな》にはまってしまいますが、お金は自分の目的実現に力を貸してくれるものと考えれば、物事はうまく循環しはじめます。

目的に忠実に生き、入ってくるお金をそこに注げばよいのです。そうすれば、スピリチュアルに生き、同時に経済的にも余裕があるという状態が得られます。

もちろん、そのお金を貯め込もうとしたり、他人にひけらかすために使ったりすれば、精神的に豊かにはなれません。

お金やその他の豊かさの象徴と考えられるようなものはどれも、目的への道を歩むあなたを応援するためにあります。この事実を見誤ると、いくらお金が入っても消えていくだけです。

✦他力本願の〝待ちの人生〟から抜け出す

人生の豊かさをつくるのは自分自身。たった今から、他者に豊かにしてもらおうと期待するのはきっぱりやめましょう。

たとえ、なんらかの援助を他人から受けられたとしても永続はしませんし、目の前にぶら下がったご褒美《ほうび》に執着するようになると、「もっともっと」という慢性病にかかってしまうだけです。

「他者」をとっ替え引っ替え、つねに渇望し、自分の外ばかりになにかを求めるようになっていくのです。

自分の感覚に責任を持つ以外、豊かさの問題は解決できないと心得ましょう。

✦人生を一〇〇％楽しむ「小さな工夫」

豊かさは誰でも手にできるものだと私は思っています。

貧乏のどん底からスタートした私自身が手にできたのですから、誰にでも手にできると思うのは、私にとって自然なことです。

子どもはおもちゃであれなんであれ、欲しいとなると泣き叫び、手に入れるまで泣きやみません。ところが、手に入れるやポイと投げ捨て、別のものを求めてまた泣くのです。

世の中には、からだだけは大きくなったものの、こうした幼稚な思考から成長できていない人も多いものです。自分を満足させてくれるものを探し、どうしたら自分が満足するかを知らないままに、次から次へと、とりとめもなくいろいろなものを求めつづけています。

豊かさの秘密を外に求めても、絶対に見つけることはできません。

豊かさは内側にあるものだからです。

6章

「自分らしい才能」を輝かせるために

信じる者にはなんでもできるのだ。
——マルコによる福音書

あなたが望むことは選べる・・・

今日、今からでも、自分の性格を〝選ぶ〟ことができます。

そう、一番好きな性格を自分のものにできるのです。

「ありえない！」という人がいるかもしれませんが、考えてもみてください。

これまでの人生で、すでに自分の性格をつくってきているのです。クセや習慣、どのくらい自信を持ち、どういったものを怖がるかなど、すべて自分が人生の中で決めてきたものでしょう。見えない内側の自分が、現実の状況を生み出したのです。

〇〇さんは自分より優れている、△△さんは自分より劣っている……といった比較にもとづいた考えは忘れてください。ただ内なるイメージを見つめ、自分がすばらしい奇跡を実現して生きている姿を想像してください。

どんな変化を生み出すにも最初に、自分の魂にはそれをできる力がある、とはっきり認識することが必要なのです。

たいていの人はこれまで、**あまりにも多くの限界を信じ込みながら成長してきたはず**です。そのためいつのまにか、そうした限界が真実だと信じ込んでしまっているのです。真実らしい衣をまとっていれば、私たちは「大きな嘘」も真実として受けとってしまうのです。

ここでは「大きな嘘」が、たとえばどういうことか、具体的に述べていきます。それらは一つの間違った解釈にすぎないのですが、こうした考えにとらわれていればいるほど、すばらしい奇跡を起こすことがむずかしくなります。

✦「ずっとこうだったのだから」――？

こうした言葉をよく耳にするのですが、口にしている人々はみな、「どうして自分の人生には奇跡が起きないのだろう」と首をかしげているようです。しかし、こうした言葉を口にすること自体、自分の成長をはばんでいることに気づきましょう。

あがり性、心配性、攻撃的、内向的あるいは外向的等々、今の状態がどうであれ、この状態がもう変わりはしない、という錯覚はとにかく捨ててください。

「こんな自分、変われたらいいのに」と思う一方で、「でも、これが私だから……」

「今までずっとこうしてきたから……」と片づけてきたのではないでしょうか。

この内側に焼きついているイメージが奇跡を妨げるのです。

もう言い訳はやめること。自分のどんなところも、自分で変えられるのです。理想像と同じ自分をつくり出す力を、すでに持っているのですから。

✦「これが私の性格だ」――？

「運動神経がにぶいのは父親ゆずりだ」「父方のおじいさんが音痴だった。隔世遺伝だね」「お母さんもおばあさんも内気だったけど、そっくりね」「兄も姉も数学は苦手だったの。家系ね」――こういったもっともらしいレッテルが、心の中に「大きな嘘」を育ててしまうのです。

科学者たちは、ＤＮＡを通じて情報は遺伝するといいますが、そこで私たちがすべきことは、与えられた情報をしっかりととらえ、それを最大限活かしていくことなのです。

先にあげたようなネガティブなとらえ方はやめましょう。

内なる世界は自分だけのまったく自由な場。そこでは、あなたは多才で、知的で、自信にあふれ、楽しさを満喫できる人間になれるのです。なんの限界もありません。

たいていの人の中には、遺伝や血統を信じ込む気持ちが潜んでいますが、そうした思い込みはもう捨てること。

世の中には、遺伝などにまったくとらわれることなく困難を乗り越えて、すばらしい人生をおくっている人がどれほどいることか。

✦「化学物質が個性をつくる」――？

これもよく聞く嘘。しかも権威ある団体などでくり返し発表されるため、異を唱えづらいものです。

「犯罪者にはこの種のタンパク質が……」「怒りっぽい人にはこのホルモンが……」「太った人には……」「音楽家には……」といった〝科学記事〟もよく目にします。

そこで多くの人が「なるほど、こういう人だけが才能を開花させるのだ。そうでない人はやはり無理なのだ」と信じてしまうのです。

科学者たちは、化学物質の有無で、物事が達成するかしないかを説明しようとするのですが、本当に科学者が、化学物質について核心をつかんでいるなら、なぜ肉体への対処方法をあれほど誤るのでしょうか。

からだの中の化学物質が、行動に大きな影響を与えるのは確かですが、むしろ「すばらしい肉体を持ちたければ、すばらしい心を持たねばならない」というのが根本原理でしょう。

からだの中の化学物質のほうこそ、私たちがなにをどのように考えているかに影響されているのです。

私がここでいいたいのは、心には膨大なパワーがあるということです。そのパワーを、自分を押しとどめるためでなく、自分にプラスになるよう使ってほしいのです。

✦「家族・家庭環境のせいだ」――?

「ひどい家庭環境から逃れられなかった」「母が身勝手だったから、父が私たち子どもを見捨てたの」「うちの家系の女性はみなこうよ。仕方がないわ」……こうした弁解も、すべて「大きな嘘」の一種です。いずれも自分の芽を摘みとる考え方でしょう。

今の自分がこうなってしまったのは家族のせいだ、などと少しでも思う気持ちがあるなら、この嘘の罠にはまってしまっています。

忘れてはならないのは、**今日の自分は、自分が選んでいる**ということ。それに**その重圧にどのように対処するか、そのやり方を選びつづけてきたのも自分自身**なのです。

受け入れがたい考え方や不愉快な態度に対し、拒否する力が自分にはあるのです。たとえ、子どものころのつらい思い出が消せないとしても、そのことをいつまでも考えつづけるかどうかを決めるのは、他ならぬ自分です。

✦「社会の習慣や時勢からは逃れられない」——?

「社会がこういうルールをつくっている。私たちは、いつもその犠牲になっている」「社会は従順な人間を求めているんだから、それにしたがって行動しているにすぎない」——これらは、いずれも無力な自分のイメージを意識に刻み込んでいます。

自分は何者で、どんな人間になるのかを、社会が決めると本当に思っているのでしょうか。もしそうなら、それが現実となってしまいます。

しかし、この地球ですばらしい功績を残した人々はみな、革新者でした。

社会の基準をいちいち気にして「自分ができるのはこれだけです」などという革新者はいません。

ただ自分の喜びを第一とし、なにかをしたいと思えば、もう社会や文化の集団にしたがう必要性はなくなります。

「群れについていけば、最後は糞《くそ》をふむ」と、古代の格言はいいます。社会や文化を〝免罪符〟にしているかぎり、その人は奇跡から遠のくばかりです。

自分がなりたい自分になれないからといって、社会の責任にはできません。

「ふっきれた自分」になれる

ここで述べた「大きな嘘」に打ち勝つには、新しい力、強い信念が必要です。そのためには、「自分は自分が希望する人生を自分で選べる」ということが腑《ふ》に落ちなければなりません。「カギ」は自分の考え方、見えない魂にこそあります。

肉体はこの世の仮の姿で、かぎりあるものですが、心にはかぎりはありません。だからこそ、ひどい型に押し込めることもできてしまうでしょう。大変なことやつらい経験にあったとき、自分にはどうすることもできないと信じ込み、誰だってこんなときはダメになってしまうものだ、と思うこともできます。

しかし、別の考え方を選ぶこともできます。

本来の目的を生きるために、見えない無限の力をおおいに発揮させる道がある——この考え方に立てば、きっと今までの催眠状態から覚めるはずです。

世の中にはとうてい乗り越えられそうもない状況に打ち勝ってきた人がいます。統合失調症やうつ病を克服した人もいますし、難読症だ、発達障害だといわれたにもかかわらず、医者になった人もいます。

彼らと同じように、自分が望むままの人間になることができるのです。

「限界」を信じている人にとっては、これまで述べたことは、たんに非現実的な楽観論にすぎないかもしれません。そういう人は、苦しいときに「神さまのバチが当たった」と考え、こんなふうにいいます。

「ひどい心の傷を負った人、普通ではない家庭環境で暮らしている人、みな状況の中で身動きがとれないでいる。あの人たちにはなんの希望もないのだ。そして私も同じだ。自分自身を変えることなどできないのだ。人生など選べるものではない」

そう思うのは自由ですが、本当は、楽観するも悲観するもあなたしだいなのです。

これに関する私の考えはこれだけです。

「人生において、悲観主義者になるほど悲観的なことなど、なにもありません」

もっと自分の〝ものさし〟で考えていい

この本の内容はすべて、「目に見えない世界で創造する自分が、現実の自分になる」ことを前提としています。次に述べるのは、本来の目的を生きるためのポイントです。

✦これまでの〝自己イメージ〟を書き換える

どんな性格になりたいですか。

現在の自分を見つめるのではなく、こんな性格だったらどんなに楽しいだろう、と思う性格に焦点をあててください。

心の中に、できるだけ具体的にイメージを描きましょう。

こうした内側のイメージはどれも、具体的な行動となって現われてきます。

自分がこの世に生まれてきてから今日までにしてきたことすべては、内側のイメージを映し出してきたものです。

無意識のうちにかもしれませんが、たとえば自信を持っているかいないか、どれくらい神経質かなどの自己イメージにもとづいて行動し、性格を形づくってきたのです。

ということは、自分がなりたい性格は、自分で選べるということでしょう。

✦生まれつきの〝才能〟なんていうものはない

自分に備わっていたらいいのに、と思う最高の才能をしばし思い描きましょう。モーツァルト、バスケットボール選手のマイケル・ジョーダン、バレエ・ダンサーのバリシニコフ……、みな、豊かな才能の持ち主です。それに異論はありませんが、本当の才能を定義することはできないのです。

別の面から見てみましょう。

才能とは、比較を通じて定義される性質があります。たとえば、モーツァルトの才能を論じるときも、必ず誰かと比べてすばらしいという考え方があるから、才能が認められてきました。

もし、二人の人間がまったく別の目的の道を歩んでいて、誰も二人を比べたりしなければ、才能について論じることもなくなります。

裏を返せば、誰にも才能はあると考えられるのです。

しかし、こうした考え方は、多くの人々には受け入れがたいものだと思います。

人々はつねに他と自分を比較して判定し、より優れた人間がいるのだという嘘を受け入れてしまっているのですから。

しかし、ここでもう一段、意識のレベルを引き上げていただきたいのです。

「私には、私がなりたいと思っている人と同じ才能があります。彼らのやっていることはすばらしく、おおいに楽しませてもらっています。しかし、彼らにできているということと、私にできるかできないかということとはなにも関係がありません」と。

世の中には才能のある人間とない人間がいる、と教え込まれて育ってきたとしたら、私の話にかなりの違和感を覚えると思いますが、**ただ自分の目的を果たすために、自**

分だけに必要な才能の基準をつくればいいのです。

他人との比較をやめること。誰もが自分の目的を生きるために必要なものはすべて持っている、ということを思い出してほしいのです。

✦それは根も葉もない「数値」だ

よく「私がもっと頭がよかったら……」と勘違いする人がいます。

さて、今よりどれだけ頭がよくなれば奇跡がやってくるのでしょうか。

実際、あまりに多くの人がＩＱ（および偏差値）などという数値に惑わされていますが、もうこういう考え方は完全に捨て去ってしまいましょう。

ＩＱの数値が示す知能とは、「知能テストが測ったもの」にすぎません。

当然、人間は「数値」ではありません。

魂を測ることなどできるでしょうか。

これまでに述べてきたように、内なる世界に限界などないのです。

当然、わからず屋の「ＩＱ信奉者」たちは、こういうでしょう。

「ＩＱは変えられない。おまえが人生でできることと、できないことはＩＱが決定しているのだ」と。

しかし、そもそもこの方法で、現実世界の成功度を測ろうとするのは、まったくバカげているのです。


次に、私の体験から2つの例を紹介しましょう。

最初の体験は、読解力の知能測定に招かれたときのこと。試験官が使ったのは私の著書で、5つの質問が出題されました。

私は一つ〝間違えた〟ため、その分IQは低い結果になってしまいました。

しかし、〝間違えた〟質問はなんと、「著者の意図はなにか」だったのです。

まさか著者の私が、「著者の意図」を間違えるなんて！


また、学生のときにもこんなことがありました。

国語の現代詩の試験で、私は〝間違え〟、かなり低い評価を受けました。しかし、私は納得がいかず、直接詩人に手紙を書き、彼の意見を聞いたのです。

詩人は私の解答こそが「正しい」と返事をくれ、自分でも詩を書いてみないかとすすめてくれさえしました。

その手紙を担当教官に見せたところ、彼は「自分の詩をどう解釈すべきかわからない詩人もいるものだ。採点はそのままだ」と答えたのです！

ＩＱは錯覚です。テストの内容が変われば、数値など変えることができる恣意《しい》的なものなのですから。

車を見事に修理できる人間が、四次方程式が解ける人より知能が低いのでしょうか。アカデミズムの観点から環境問題を語る教授は、森に暮らした経験から環境を考えようとしている若者より知能が高いといえるのでしょうか。

なぜ、私たちはこのような数値で一人ひとりにレッテルを貼ろうとするのでしょうか。

以前に出した本の中で、私は知能を次のように定義したことがあります。

「知能の本当のバロメーターは、毎日、今を有効に幸せに生きているかどうかである」

自分の幸せをつくる力があると知り、誰になにを相談すればいいかがわかったとき、人はすでにユニークな天才なのです。

✦運命を逆転させる「いい習慣」

きっと、ためにならないとわかっていながらやめられないクセや、嫌だと思いつつ続けている習慣が、一つか二つはあるのではないでしょうか。

ここでも「奇跡の力」を使っていきましょう。

自分の性格は、ふだんの生活における何百もの「いつものやり方」でできあがっていることに気づいてください。

たとえば、私の家からほんの一〇キロ離れた地区は、フロリダ州内で一番失業率が高く、その数字はときに七五パーセントにも上ります。そして、気がついたのは、どの家の庭も荒れ放題だということです。

時間はあるし、ゴミを捨てたり雑草を刈ったりするのに金はかかりません。ところが、みな座ったままでなにもしないでいるようです。それが生活習慣になってしまっているからなのです。

つまり、**その人の習慣はその人を表わしてしまう**のです。もちろん、ゴミを拾い、なんとか仕事を探して家族を養おうとする人もいます。本来誰もが持つ見えない力を活かす人もいますが、その力を無視して生活環境のせいにする人もいるのです。

不幸になるのも、憂うつになるのも、怠けるのもクセ。性格の特徴は、ほとんどが心の使い方の結果です。

物質的なものにこだわらない人は、そのことで憂うつになるクセを持ちません。また、絶望的な状況のとき、内側で幸福を選ぶ習慣を持つ人も多くいます。こうした人は、たいてい苦しい状況を乗り越え、豊かな人生をつくり出すことができます。

自分のためにならない欠点を克服するカギは、自分の中で習慣化されていない新しい考え方を試してみることです。目的に沿わない現在の状態に、じっと我慢などする必要はありません。

また、たとえば他人の犠牲になることが習慣になっている人もいると思います。これはその人が「喜んで耐えます」と、生活の中で事あるごとに他人に示しているということなのです。

これもまた、決して生まれつきの性格などではありません。「自分が選んだ習慣」

なのです。

✦〝DNA〟は不死身である

医師のディーパック・チョプラ博士は、著書の中の「老化は誤解である」と題する章で、こんなことを述べています。

「すべての細胞をコントロールしているDNAは不死身に等しい。六十億年で一ミリの老化もせずに生き残っているのである。人間を構成している物質は年をとらないのだ。それなのに、私たちはなぜ老化するのだろうか」

昔の哲学者たちは、老化を「知識人の誤解」といいました。肉体面だけをとらえ、誰でも老化すると考えるからです。**理性的に考えるようになった途端、心が老化に備えはじめる**のです。

肉体の衰えを認め、老化についての本で知識を得て、それですべてがわかった気にすらなるわけです。するとそこで自分の老化を覚悟し、肉体はその方向で準備しはじめます。

この罠から逃れるには、見えない自分――つまり心を使って「人生の奇跡」を起こせばいいのです。自分の見方を変えると、からだの一つひとつの細胞に影響を与えることができるようになります。

しかしもし、そんなことは無理だろうと疑いの心を持つのであれば、その疑いは、細胞に影響し、もちろんDNAの新陳代謝にもかかわってくるでしょう。

老化に対し、あなたはどのような態度をとっているでしょうか。将来、腰が曲がり、忘れっぽくなり、老人の顔になることは避けられないと思っているでしょうか。その考えこそが見えない次元で、自分の細胞機能をプログラムしているのです。

先述のチョプラ博士の本から、もう一つ引用しておきます。

「もし、年齢を超えたレベルへと心を引き上げれば、からだも同様に触発されはじめるだろう。内側の深いところで心がそういえば、その言葉のとおりに、老化をゆっくり遅らせることができる。**老化など考えずに自分自身を見つめていると、実際そのとおりになっていくのだ**」——この考え方をそのまま取り入れましょう！

✦実体のない〝恐怖心・猜疑心《さいぎしん》〟にとらわれるな

どれだけ楽しい気持ちで人生をおくれるか、その可能性は無限にあるにもかかわらず、自分で感情の選択肢を狭めているということに問題があります。

人は恐怖を体験すると、アドレナリンというホルモンが分泌されるというのは、みなさんもご存じでしょう。

そう、感情的な刺激が、からだの中で具体的な物質を生み出すわけです。

自分の見えない心が、自分の希望どおりの現実世界をつくっていきます。

大きな満足と喜びに浸ったときには、からだの中の化学物質が、はっきりと確認できるほど姿を現わします。それとは反対の、恐怖、ストレス、怒り、嫉妬などの感情のときも同様です。

化学物質を、自分の中にある製薬工場で製造しているといっていいでしょう。工場は心の中にあります。どんな薬も製造可能。**心はからだが必要とするものをつくることができる**からです。

ディーン・オーニッシュ博士のベストセラー『心臓病を治す（*Dr. Dean Ornish's Program for Reversing Heart Disease*）』は、内なる自己に焦点をあてた名著です。

病のもとになりうる心を克服する方法を学び、そうすることによって、心臓病の発病の可能性をひっくり返してしまおうという画期的な本なのです。

感情は化学的なアンバランスや毒素を生み、体調を崩す原因になりえます。

だから、からだを治そうとして、発生した化学物質を抑える薬だけを飲んでも治りません。そもそもアンバランスのもとを治さなければならないのですから。

もう一つ、インディアンのことわざを紹介しておきましょう。

「昨日、自分がどんな考えでいたかを知りたければ、今日の自分のからだを見なさい。明日の自分のからだを知りたければ、今日の自分の考えを見つめなさい」

人生の奇跡への道を歩むうえで、このことは、つねに頭に入れておきましょう。

まるで「古いコート」を脱ぐように

あなたのまわりにも亡くなった人がいるでしょうし、また自分がいつか死ぬことも知っています。

しかし、「死んだらどこに行くのか」という質問に答えられる人は一人もいません。まさに死は永遠の謎なのです。

人生で奇跡を起こすには、この謎を包む、肉体の消滅という不安や恐れから自由になる必要があります。

死への恐れは、人生においても大きな役割を占めているのですが、その恐れが、生の活力剤にも不安剤にもなっていることはおわかりでしょうか。このジレンマから逃れるには、自分の恐れに真正面から対峙《たいじ》することです。

死に対する恐怖は決して目に見えないものですから、考えるだけ無意味です。もし、自分の死に不安を抱き、そうした目で死を見ていれば、死はたんに〝終わり〟で、空白で、前にも後にもなにもないものと感じるでしょう。

もし、死がそのようなものであれば、たしかに恐ろしいこと！　ですが、そうではありません。

魂は無次元であって、始まりとか終わりで表わせるものではなく、終わりを意味する死などに影響されないのです。

生命そのものが目に見えない存在であり、ただ肉体に宿っているだけだということがわかるはずです。死の恐怖を乗り越えるには、この意識をはっきり自分のものにしなければなりません。

存在を肉体と同一視してはいけない――これは、多くの精神的指導者が教え伝えてきたことであり、たとえばヒンズー教の聖典『バガヴァッド・ギーター（*Bhagavad-Gita*）』ではこう述べられています。

「人は服がすり切れれば新しい服を手に入れる。同じように、からだがすり切れれば、内なるあなた自身が新しいからだを手に入れてくれる」

また、『バガヴァッド・ギーター』の研究者であるエクナス・エアスワラン博士は、聖典の言葉についてこう語っています。

「悟った人にとって、死は古いコートを脱ぐほどの雑作ないことである。これは人生で得られる最高の教えだ。人間存在の究極の意義は、このようにすでに達成されてきたのである。神を理解した人々にとっては、なにひとつ足りないものはなく、すべてが完璧に備わっている」

精神の高みや人生の目的に到達すると、自分自身の永遠を知るようになる――これは、どの宗教の言い伝えにもあり、似た考え方は有史以来、人類の中にずっと流れているのです。

しかし、こうして私の話を聞いても、また、さまざまな精神的指導者の教えを受けても、不安はなくならないという人がほとんどでしょう。

自分の内側で知らなければ、むずかしいかもしれません。つまり、自分自身を獲得できたときにしかわからないのです。

ここで、スピリチュアルとはほとんど無縁の生活をおくってきた人間が、いかにして悟りに至ったのかを見ていきましょう。ゲイリー・ビューシーという男性です。彼は数多くの映画に出演してきた俳優で、俳優になる以前はフットボール選手だったことも、素行不良で薬物依存症だったこともあり、スピリチュアルとはもっとも遠いところにいるといわれてきたような人です。

そのゲイリーがバイクで大事故に遭い、頭に瀕死《ひんし》の重傷を負いました。当時の新聞にはこんな彼の言葉が載っています。

「私の人生の第二部は事故の日から始まりました。私は彼岸《ひがん》に渡り、光あふれる部屋へ入っていきました。私は魂を宿している脊柱《せきちゅう》の中で生きる脊髄でしかありませんでした。三枚の光のプレートが顔の前にやってきて、私がすでに美しい愛の場所にいるといいました。私は愛そのものでした。そのエネルギーについていって、この肉体をおいてくることも、肉体に戻って私の運命を続けることもできました。どちらも私自身で選ぶことができたのです」

さらに、ゲイリーは、自分の変身ぶりを信じられないという人々に対して、こう答えているのです。

「信じることとはなんの関係もありません。真実は信じることを超えたものです。これが現実に起こったことである、私がいいたいことはそれだけです。私はそこにいたというだけ。信じようが信じまいが、そんなことは問題ではありません。だって真実なのですから」

インタビューの締めくくりは、「人間がこれまででつくった一番大切な言葉は、〝愛〟という言葉です」でした。

こうした例は、じつは数多くあります。

私の義姉も数十年前の交通事故以来、死を恐れずに幸福な生活をおくっています。死を心配する理由の根底は、長年、肉体を「自分だ」と考えてきた心のクセなのですが、自分を魂として考えれば、「私は死なない」のです。

死は終わりの概念です。終わりには限界がありますが、見えない次元の自分に限界などありません。

今日から新しく生まれ変わることができる

肉体はといえば、生まれてから今日まで毎日死んでいるのです。

新陳代謝をしているので、現在の体細胞は数年前の体細胞とは違います。体重の何グラムかは、毎日生理機能によって土に帰り、新たな食物を大地から得ています。

この機能が働かなければ、たとえば五十歳の人の体重は何トンにもなってしまいます。死ぬ過程があるからこそ、生きていられるのです。

こうして、精神的な目に見えない次元を明らかにしていくにつれ、現実の肉体の感覚は、しだいに薄れてくるでしょう。自分の精神が宿っている具体的な肉体というものに対し、大きな崇拝の念が芽生えてくるのです。

その感覚に目覚めれば目覚めるほど、自分のからだへの関心は失せ、目に見えない次元への関心がいっそう深まっていくでしょう。

自分自身がまさに奇跡の存在であると考え、死についてのくだらない概念は消え去ります。目標は宇宙の法則にしたがって、肉体と心のバランスをとることになっていくはずです。

そのときには、死んだ人もすべてがなくなったわけではないことに気づくでしょう。ただ、再生しているだけなのだ、と。

覚醒し、新しい自分へと再生するための方法を次にいくつか挙げておきましょう。

今日から始めてみてください。

✦〝性格〟そのものに欠点があるのではない

私たちが生きているのは精神的な世界なのです。もし性格に欠点があるなら、それは自分の中の「疑念」のせいだと考えましょう。

知能、自信、才能、恐れ、クセ――すべて自分の心の内側を現実に映し出したものにすぎません。この心を変えるには、自分が本当になりたい人間について、静かに絶えず考えつづけることです。やがてこうした思いが〝種〟となって現実世界に根づいていくでしょう。

「疑念」を「確信」に置き換えれば、思いどおりの自分がつくり出せるでしょう。

✦自分の頭から〝マイナスの形容詞〟を外す

自分を頭が悪い、臆病だ、暗いなどと形容すれば、そうした形容詞に邪魔されて、望む奇跡がやってくることはありません。

もっと自信や強さを肯定しましょう。

考えることや話すことが、行動へとつながっていくことを忘れないでほしいのです。自分の話や言葉に注意を払ってみてください。たとえ直接的な表現でなくても、すべて内側から出てきた言葉です。

どんなささいなことでも自分の欠点について、一つひとつに言い訳をしているなら、

それは自分が欠点だと考えているからに他なりません。

だから逆に、もっと自信を持ちたいのなら、自分はいかに自信があるかを話し、具体的な例をあげましょう。心の中に自信に満ちた部分を確立し、毎日の生活で惜しみなく出していくようにしましょう。

✦「自分は……ではない」よりは「自分は……である」と考える

たとえば、「怒りや恨みについて考えないようにしよう」と考えるのはやめましょう。

そう思うことじたい、まだそうした恨みについて考えているということで、結局はそれが行動に表われてしまうからです。

もし、自分に知性や才能が欠けていると思ったら、「私は無知じゃない」といいきかせてはいけません。

「自分の夢をかなえるために必要なものは、すべて自分の中にある。私はこの世に欠かせない一部なのだ。私の存在は間違いでなく、神さまの必要から生まれている」といいましょう。

自分の性格を変える力は、内側にすでにあり、改めて外から苦労して得るものではありません。

心にその準備ができれば、求めていた性格も表面に出てくるのです。

性格をつくるのは家系でも環境でもなく、あなた自身なのだということを忘れないでください。

✦「内なる声」を信じる

内なる声は、いつもあなたに呼びかけています。

「幸福な人生をおくるのに必要な要素は、すべて自分の中に備わっている」と。

内なる声「私はその気になればダンスが踊れる」

あなた「いや、おまえは運動音痴だったじゃないか！」

内なる声「私はなかなか頭がいい」

あなた「いや、おまえは中学校の数学で赤点をとっただろう？」

このやりとりの「内なる声」は魂、「あなた」は現実体験の積み重ねで〝欠乏教の信者〟になってしまったあなたです。

内なる魂の声を信じ、つねに、その声とともにいてほしいのです。

それこそ神さまの導きの声だからです。


内なる魂はあなたにこう告げるでしょう。

「なにもいらない。あなたは完全なのだ。神から授かった性格を表に出せばいいだけなのだから。〝判断する〟のはやめること。あなたは多才だ。人生の目的に沿って生きれば才能は必ず花開く。あなたは頭がいい。目的を達成するのに必要な知識や技術はすべて内側にある」

この神秘に身をまかせること。この完全な状態はすべての人に備わっています。ただ完全であることを信じるか信じないか、なのです。

✦〝性格〟はつねに脱皮している

今のあなたは赤ちゃんのころのように指しゃぶりはしないし、九九を覚えるのに頭を悩ませることもありません。

気に入らないことがあっても、兄弟姉妹ととっ組み合いのケンカをすることもないでしょう。大人になるにつれ、そうした行為をやめることを学んできたからです。

同じように、「私は生まれつき攻撃的な人間なのだ」と、情けない自分を正当化するのをやめましょう。

「私には〇〇できるような才能がない」というのは、赤ちゃんが「私はダメだ。歩けるようにはならないだろう。一生ハイハイしていよう」というのと同じことです。

「怖くて新しいことに挑戦できない」は、「明かりが消えるとお化けが怖い」というのと同じです。

あなたはこれまで多くのことを知り、学び、理解して乗り越えてきたのです。

✦「願いごとのリスト」ではなく「実現することリスト」をつくる

「意志のリスト」をつくりましょう。

願いごとのリストではありません。自分自身が行動していこうと思うことのリストです。

もし「もっと記憶力をよくしよう」と思えば、記憶力は必ずよくなります。記憶できることだけに自分の心を集中させるようにすればいいのです。そして、どんなにたくさんのことを忘れているかについて考えるのはもうやめましょう。

「あの人の名前をあのとき一度で簡単に覚えられた。たしかに私の記憶力はよくなっている」

と考えてください。実現できないことでなく、これから実現しようとしていることに焦点をあてるのがコツです。このリストのとおりに自分のやりたいことを行動に移していけば、意志の力は性格を驚くほど変えてくれます。

✦〝なりたい自分〟を熱演してみる

まだ自分には無理だ、もの足りない、と思うようなことでも、それらしくふるまってみましょう。

嘘でもいいから、そうしてみましょう！

カギは内なる見えない次元における考え方にあります。

くり返しになりますが、自分が心から思い描くことができるなら、その期待は現実になりうるのです。

一つだけしっかり覚えておいてほしいのは、この心の習慣をつけるときに他人の反応を考える必要はないということ。心は自分だけの場所なのですから。

✦〝傷つきのフィルター〟で眺めない

欠点だと考えているかぎり、欠点はそこに居座ります。

自分が自分をどう見ようと自由ですが、自分が欠点と考えているものは、別の見方をするようにならない以上、いつまでたっても欠点でしかないということです。

どう見るかを選択できるのに、なぜもっと肯定的に自分を見てあげないのでしょうか。これまでにもお伝えしてきたとおり、人は自分が評価したレベルに落ち着いていくのです。

✦〝他人の意見〟につき合わない

他人の評価は気にしないこと。現実的な意見も、好意的な見方も、厳しい言葉も忘れてください。もちろんＩＱテストなどの数値も、です。

人生に必要なのは、自分を知り、人生の真の目的を追い求めること。それだけで十分なのです。

もし、**苦しいことが起きたら、神さまがくれた試練だと受けとり、目的への歩みをつづけましょう。**

他人にがっかりするような言葉をいわれたら、自分の本来の目的を思い起こしましょう。意見をいってくれる人には、ていねいな態度で接し、愛をおくり、それから自分の心に戻りましょう。

✦人生最高の〝満足感〟

自分の時間を、もっと健康的に過ごせるプログラムを考えること。

からだを動かし、野菜や果物、水分を多くとり、ヨガ教室に参加し、自分を成長させてくれる本を読み、静かに瞑想する——そんな自分を思い描きましょう。

そして次に、望んだとおりになっている自分をはっきりイメージすること。

スリムになり、からだも軽く、血圧やコレステロール値が下がり、年齢を感じさせない魅力的で満足感に満ちた自分をイメージしましょう。

そうしたイメージをもとに、現実の生活で行動に移してみてください。

✦過去からでなく〝未来の終点〟から眺めると……

瞑想のとき、心の中で擬似的な〝死〟を体験しましょう。

肉体を包んでいた衣服を脱ぎ捨て、光の中に入っていく自分を見つめるイメージです。そして、そこからこれまでの自分を見直してみましょう。

意味のない物事にどれほどこだわり、縛られていたことか。

不滅で形のない自分自身の魂は、執着からも心配からもまったく自由なのだということがわかると思います。

安らかな気持ちになって、自分はすでに完璧であり、目的に必要なものはすべて持っていることを受け入れること。

自分が奇跡を体験するために、新たに必要なものなどなにもありません。

さて、最後に作家・ヘルマン・ヘッセの次の言葉を紹介したいと思います。

本章のメッセージを深く考えながら読んでください。

私たちの心の内側の他には現実はない。ところがなんとたくさんの人がそのことを忘れ、非現実的な人生をおくっていることか！　彼らは、目に見える外側の世界のみを現実と考え、決して内なる世界の主張を許さないでいるのだ。

奇跡とは「内なる自分」の仕事。「内なる自分」とともに人生の奇跡をつくっていきましょう。

これこそが真実なのです。

7章

「心」が整った人の「からだ」は生まれ変わる

人のからだは庭だ。庭師は人の意志である。
――ウィリアム・シェイクスピア（劇作家）

健康書もダイエット本も必要ない

唯一自分自身が、人生に奇跡を生み出すことができるのです。

自分がいつも考えていることが自分をつくるのであり、また、考えているその一日一日が自分の一生になるのです。

今まで強調してきたこの前提は、本章のテーマである、からだの健康においてもまったく変わりません。

自分のからだの限界というものも、他から教えられてきたものだと私は考えています。本章では、そうした教えを捨て、自分のからだと健康について、新しく見直してもらいたいのです。「可能性」への意識を大きく育てていけば、必ず奇跡が訪れるのです。

世の中にこれほど健康に関する情報が氾濫《はんらん》しているのに、自分の肉体を最高の状態に保てない人が圧倒的に多いのはなぜなのか。

本来、自分のからだは、すでに奇跡なのです。ただ、それがまだ現われていないだけ。ですから、自分の生き方を決めつけるような〝限界〟を体験する必要はありません。

特別なダイエット本を必要としているわけではなく、今、発揮すべきなのは、心でわかったことを現実世界に反映する能力です。

たとえば今、身長一六五センチのあなたが、身長一九五センチになりたいと願うだけで奇跡は起こる、などというわけではありません。

現在の自分のからだについて、まずしっかり認識することが大切。そのうえで自分自身に聞いてみましょう。

どんなからだになりたいと思っているのでしょうか？

自分のからだから、どんな悪い毒素を追い出したいと思っているのでしょうか？

最高の人生を生きるために、どんなヒーリングを望んでいるのでしょうか？

こうした質問をした後に、次の練習をしてみましょう。

全身が映る鏡の前に立ち、目を閉じましょう。そして、これから成し遂げることのできるからだを思い描きます。どんな容姿、どんな健康状態でいたいのか。目を閉じて、このイメージを自分の意識の中にしっかりと根づかせてください。

次に目を開け、今までの自分がつくり出したからだをじっくりと見てみます。

そう、今のからだはあなたがつくってきました。

自分の内なるビジョンを実現する能力が、自分にあることがわかっているでしょうか。それとも可能性を信じられませんか？

一般的には不可能と信じられていますから、たいていの人は可能性を信じられません。

しかし、**「現実の世界で他の人が成し遂げたことは、すべて可能性の範囲内にある」**のです。このことを忘れてはいけません。たとえ今は自信がないとしても、これまでに誰かが成し遂げてきたことは、なんでも思い描いていいのです。

くじけそうなときは〝お試し期間〟を設ける

本書の最初の部分で引用した禅の言葉を覚えているでしょうか。

「用意ができたときに師は現われる」のです。

「そうだったらいいのに」と思う、たんなるあこがれや夢を現実のものにするには、内側の世界から変えなければなりません。あこがれや夢を、積極的な意志や好奇心に発展させていきましょう。

まず、自分のからだについて学ぶ生徒になりましょう。現在のからだや健康状態がどうであれ、自分はすでに奇跡の存在なのだと心の中で考えるのです。からだには、宇宙の生命が流れていて、このすばらしい状態をそのまま奇跡と受けとめられる自分でありましょう。

われわれ一人ひとりは、石やセメントやトマトの木になる可能性もあったのです。しかしそうではなく、今、息をし、触れ、味わい、見て考え、この宇宙に生きることを許された存在として、ここにいます。

もし、自分の肉体を畏れと敬愛の念で見つめ、見えない自分が本当に可能なかぎりの健康な肉体を求めていることが心の内側でわかれば、「用意ができた」といえるでしょう。

しかし、「そうなればいいけれど、そんなことは今までできた試しがないから、私には無理。それに第一、私はもともとからだが弱いから……」などと思うなら、まだ「用意ができている」とはいえません。

すると、どうなるでしょうか。

疑う心やあきらめの気持ちが、師の登場を拒否しているために、師はいつまでたっても現われません。

心が肉体という機械を動かしているのです。

懐疑心は奇跡を遠ざけ、悲劇を引き起こします。

勘違いしないでいただきたいのは、**今の自分のからだをつくってきたのは、他ならぬ自分のこれまでの考え方**だということです。

まず、第一にすべきことは、こういった思いを完全に自分の責任として受け入れること。そうした疑念がこれまで自分にどのように働いてきたかを率直に見つめることです。

そして、変わるための「お試し期間」を設けてみましょう。少しずつ新しい考え方に沿って現実に対応できるようになると、やがて師が現われることでしょう（もちろん、師はずっと側にいたのに、自分が気がつかなかっただけなのですが）。

この方法で、細胞一つひとつがリニューアル

自分自身の自然治癒力を信じれば、もっと健康でいられます。

では、具体的にどうすればよいでしょうか？

✦〝心のシェイプ・アップ〟を心がける

自分の見えない生命力を進んで信頼すれば、おのずとその内なる力が命ずるままに行動することができます。

もし、自分はからだが弱いので運動には向かないとか、家系的に見て、この病気は慢性的なもので治りはしないと思っていれば、からだはその考えどおりになってしまいます。

毎日鏡を眺めては、自分のブヨブヨ太った姿、あるいは弱々しいからだつきを前に、そうしたからだに生まれついた不運を嘆いていれば、細胞は健康なコンディションづ

くりに励もうとはしません。内なる力は、どんな考えであっても、自分の考え方をバックアップするからです。

「用意のできた生徒」になるには、「内なる声」の再検査を始めること。そして、少なくとも心の中では、からだの治癒力や健康になれる力を信じなければいけません。

✦美しい庭のようにメンテナンスをおこたらない

自分で自分のからだをコントロールできないという考えは捨てること。

「人のからだは庭だ。庭師は人の意志である」というシェイクスピアの言葉のように、からだという庭を手入れする庭師は、意志なのです。

今まで無理だと思っていたことに、自分の意志が働けるように道を開いてやりましょう。からだを治したり、調子を整えようとしたりする自分の力を信じるのです。そうすれば、本物の奇跡がやってきます。

✦「身から出た錆《さび》」はこうしてとり除く

人が病気から健康になるのを止めるものはなにもありません。

なにも！

「そんなことはありえない。あなたは私の体調がわかっていないのだ！」と、反論する人もいるのはわかっています。そういうなら、まさにその考えこそが、その人の今の体調をつくってきたのです。

からだの細胞は一生のあいだ、毎日毎秒刻々と再生されています。この再生を行なっているのは、見えない自分、自分の心。医者の診断も、ニコチン中毒やアルコール依存症も、慢性的な不調も、すべて奇跡的に好転する可能性があります。

✦これでからだが自動的に動きだす

わたしたち一人ひとりを含め、この世のすべてのものが目的を持って存在しており、どれもこの完璧な宇宙に欠かせない一部なのです。

肉体の目的はなんであるか、「なぜここにいるのか」と、自分のからだに対しても尋ねてみましょう。

なぜ、完全なからだを持てずに苦しんだり、やろうと思うことが実行できなかったりするのでしょうか。この苦しい状況にいても、真剣に教訓を探してください。

1章でも述べた目的への道を思い出してほしいのです。最初に苦しみに、次に結果に、最後に目的に目を向けるようになるのです。

目的に生きるようになれば、つまり、自分の人生は他者への愛と奉仕のためにあるとわかれば、パワフルなエネルギーと愛があふれてくるでしょう。

✦「過去の鎧《よろい》」の脱ぎ捨て方

自滅的な習慣は、組み伏せてなんとかしようと思わず、過去のものとしてサッと置き去りにするイメージをしましょう。昔の考え方を捨ててしまえば、昔の自分も簡単に過去に置き去りにできます。

私自身、タバコとコーヒーをやめたときは、あまりにあっけなかったので自分でも驚きました。からだによくないニコチンやカフェインはもう嫌だと心の底から思い、やめるのはむずかしくないと信じたら、じつに簡単にタバコもコーヒーも欲しくなくなりました。なんのことはない、**「やめられないと思っていた考え方こそ、やめられない理由だった」**のです。

もちろんその後も誘惑の機会は多いのですが、もはや誘惑とも感じません。昔の私の生活は、丸ごと過去に置き去りにしてきたからです。

私はタバコやコーヒーに依存していたころの〝置き去りにした自分〟をすぐに思い出すことができますが、歩き方を覚えた子がもうハイハイに戻ることがないように、昔の自分に決して戻ることはありません。

✦あくまで可能性を信じて〝魔法〟に身をゆだねる

「不可能だ」という言葉は、あくまでも一つの考え方を表わしたものです。

言葉のうえからいえば、考えには次元も形もないのですから、不可能などなにもありません。

肉体は固体に見えますが、高性能の顕微鏡で調べれば調べるほど、無の空間で成り立っていることがわかります。

自分の人生について考えるときには、宇宙の細胞すべてが――もちろん、自分のからだの細胞も含め――見えない力で構成されていることを忘れてはなりません。見えない力がつねに存在しており、その見えない次元の世界には不可能がないことを知っておきましょう。

✦「理性的すぎる心の声」のボリュームを下げる

理性的な心を自分の案内役にするのはもうやめましょう。

だまされるだけだからです。心自体がどこにあり、どこから生まれ、どこへ行くのかも論理では説明がつきません。

心の動きとはなんなのか？

心の動きはどのようにして相互に通じ合うのか？

なぜ、母親には赤ん坊の考えていることがわかるのか？

なぜ、雁《がん》は訓練もせずに渡りができるのか？

なぜ、サケは誕生した川に戻れるのか？

論理で解明できない物事は、この世に数えきれないほどあるでしょう。

生命の誕生の神秘は、その最たるもの。生命がなにかを論理で説明できないのに、なぜ、なにができてなにができないかということを、論理をつかさどる左脳に頼って決めなければならないのでしょうか。

自分を広大な宇宙にいる一人の人間と考えずに、宇宙が自分の中にあると想像するように努めてください。人間のからだのどの細胞にも、宇宙の神秘が存在しています。

当然、奇跡を論理や理性で説明しようとすれば、奇跡がいかに不可能かという考えにたちまち戻り、古い思考パターンの罠にはまって、希望を失ってしまうでしょう。

そうならないために覚えておいてほしいことがあります。

人の考えることはすべて奇跡で、論理や化学式では説明しきれないということ。

そして、自分の存在そのものが奇跡なのだから、心で想像できるものはなんであろうと可能なのだ、ということです。

あなたの中にある驚くべき「治癒力」

潜在意識を活かして個人の能力を高める「シルバメソッド」の生みの親、ホセ・シルバは、私が尊敬する人物です。この方法を用いたおかげで、手術が必要と診断されたヘルニアも自分自身で治すことができました。

ここでシルバのパワフルな本『あなたが癒やす（*You the Healer*）』の一節を紹介し

ておきましょう。

「病気で暮らす必要はない。患《わずら》って死ぬ必要はない。健康が自然な状態なのだ。自然な死を迎えるその日まで、完璧で健康な人生をおくることはあなたの権利である」

まさにそのとおり。病気から解放された、健康で、幸福で、充実した生命体である以外になんの望みがあるでしょうか。ところが私たちの多くは、そうした状態に近づきさえしないでいるのです。

数年前に私と妻はバリ島を訪れたことがあります。現地の人々の平均月収は五〇ドル（約五千円）以下で、財産らしきものはほとんど持っていません。しかし、それでなんの不足もないようでした。

人々は大家族であっても、静かで穏やかな雰囲気が漂い、お互いの財布の中身を探り合うのでなく、目を見つめ合って生きていました。

バリ島の人々と西洋人は、なんと対照的なのでしょうか。アメリカに戻ったとき、私ははじめてこのことに気づかされました。

サンフランシスコで東部行きの飛行機に乗り換えたときは、周囲の乗客のほとんどが太りすぎで、顔や目には不安な表情を浮かべていました。

バリ島では、人々は貧しくはあっても、健康的で豊かな食べ物に恵まれ、太りすぎの人など一人も見かけませんでした。

サンフランシスコの乗客たちには、収入が高いか低いかで相手を値踏みする態度が見られ、とても目で通じ合うことなどできそうもありません。

そうした内面は肉体の衰えと連動しており、バリ島の人々とは大違いでした。

もちろん彼らは、自分の容姿が内側の考えと関係しているとは露《つゆ》ほども思っていないでしょう。具合が悪かったり疲れやすかったり、しょっちゅう風邪をひいたりするのは現代病だというでしょう。しかし、健康も治癒力も、まさに内なる自分にこそあるのです。


シルバは先述の本の中で、難病を克服した例を数多く紹介しています。

中に、十八年間、四肢麻痺《ししまひ》――半身は完全不随、もう半身は軽い麻痺――の男性の奇跡的回復の話が出てきます。

アルファ波の瞑想を学び、それを八カ月間、毎日実践した結果、車いすに座ったままではありますが、車の運転ができるようになったというのです。次に、彼は一人で歩き、階段の昇り降りをすると決めて、十四カ月間この思いを心にいいきかせた結果、そのとおりになったのです。

肉体的に奇跡的な回復を遂げた人は、これまでに数多くいます。作家のグレッグ・アンダーソンは、がんで二度の入院生活の後、三十日も生きられないだろうといわれて病院を出たにもかかわらず、精神のパワーを使って病を克服しました。彼は著書でこう語っています。

「回復に向かうから、がんを克服できるのではない……新しい人間になることを選ぶから、がんを克服できるのだ」

アンダーソンは、恐れや怒りや心労が、自分の免疫システムを蝕《むしば》んでいること、さらに、無条件の愛や平和を人に与え、他者への期待を減らし、瞑想やイメージの力をとり入れれば、自分のからだの中にがんを打ち負かす力が育ってくることにも気づきました。


もし今現在、からだの具合が悪くても、「この病気からなにを学ぶべきなのか？」と考えるクセをつけましょう。そして、今の健康状態を運命論にもとづいてあきらめていたようなら、新しい考え方を身につけてください。

私は以前、『「頭のいい人」はシンプルに生きる』（三笠書房刊、原題：*Pulling Your Own Strings*）の中で、いわゆる自己実現した人々について考察したことがありますが、そうした人に共通する特徴は、**克服できそうにない問題に直面したとき、内側に解決を求めること**でした。

幸せに生きている人は、人生の問題を自分の心に問います。決して他人を責めることも、なにか他のことに万能薬を求めることもしないのです。

なにか一つ「やめる」勇気

もし、今あなたがなにかに依存しているなら、その状態から抜け出すことが奇跡かもしれません。タバコ、コーヒー、アルコール、あるいはもっと強い薬物……なんであっても同じことです。

しかし、たいていの人は「楽しみがなくて、なんの人生だ」というのです。そして、やめようと思えばいつでもやめられるとか、自分の思うように人生は変えられるといって、「依存なんかしていない」と主張します。

なんの問題もないとまわりに思わせたいのです。

ところが、内側では真実が警告しつづけていて、もう少し勇気と強さがあれば自分は変われるのにと考えています。

手を差しのべてくれる人は、おそらく身近にもいるとは思いますが、古い習慣をやめ、依存症から抜け出すという奇跡を体験するには、自分一人でやらなければなりません。誰も自分の代わりができるわけではありません。

もう一度くり返しますが、宇宙の法則は必ず働きます。誰でもひどい依存症から自由になれます。依存の程度は関係ありません。人生に奇跡を起こし、依存から抜け出せる能力が誰しもの中にあるのです。

その力を活かすコツをいくつかあげておきましょう。

✦今の自分が〝理想の姿〟であるかのようにふるまう

今の自分がすでに理想の姿になっているかのようにイメージしてください。そして、心の中ですらりとした自分が、ワクワクするような新しい仕事で成功するところを思い描いているなら、今すぐその姿が現実であるかのように行動すること。

こうした考え方にもとづいて対応すればするほど、からだもイメージどおり反応します。

反対に、からだに奇跡を起こすのはむずかしいし、時間がかかり、その間も苦労するだろうと思えば、無意識にそのイメージどおりに行動してしまうでしょう。

後者は、今までさんざんやってきたことだと思います。

すでに理想が実現されているかのようにふるまいましょう。

もし、心の中で健康で魅力的な自分を見たなら、それをしっかりと信じましょう。

✦からだのすみずみにまで流れるパワー

精神的な自分がなににもまして重要であり、肉体はそれについてくるものだということは、ここまでも述べてきました。

からだのすべての組織に無限の知恵が流れているのですから、まず第一に、スピリチュアルな人間でいることが大切なのです。

からだがどうなっていくか、そのプロセスを心で見ましょう。そして、神さまの知恵が流れる自分のからだに身をまかせましょう。

からだはどうすればいいか、ぜんぶ知っているのです。自然に身をゆだねれば、からだは完璧に役目を果たしてくれます。

✦充足を知らない「毒物」を遠ざける

酒、タバコ、コーヒー、その他からだに悪いものは、いくら吸っても、飲んでも、食べても、もう十分だ、もういらないということはありません。

からだはそうしたものを求めていないのに。なぜでしょうか。

それは、肉体的な自分を第一にし、スピリチュアルな自分を第二に生きているからです。

だから人生の奇跡を体験できず、自分を毒すれば毒するほど、依存を克服できないと固く信じるようになります。これは怠慢ではないでしょうか。

いくら求めても決して充足できないものは、もうやめていい頃合いです。

求めるべきものは、もうすべて自分の中にあります。完全な調和も健康もすべて、すでに自分の中にあるのです。

必要なのは、すでに自分の中に神の知恵がやどっていると信じることだけです。

✦自立してこそ救われる

現実世界の誰からも助けを期待してはいけません。

もし、助けが差しのべられたら、感謝して受け入れてもよいのですが、心の中では、この肉体に包まれて人生を体験しているのは、自分しかいないことを自覚しておきましょう。

現実世界で体験することは、すべて見えない自分の中で起きていることなのです。

他者に愛をおくり、光を放ちましょう。しかし、そうできる自分をつくるのは、自分しかいません。

✦「愛と調和」を身をもって体現する

「どこにいても、愛と調和を与えられた存在になる」という目的を生きましょう。これが出発点になったとき、どんな体調もつくれますし、どんなこともできるとわかってきます。

　これが自分の本物のパワーです。

　このパワーを使うことができるようになると、自分の外側の基準に自分を合わせようとする必要はなくなります。他者から強く魅力的に見られることではなく、いかに健康でいかに他者に奉仕するかが大切になるからです。


　最後に、もっとも重要なことは、できるだけ毎日瞑想をすること。自分の内側に入り、自分自身の心をよく見ることに慣れましょう。

　心にイメージを描き、自分の姿がそこにあることを知ったとき、そのイメージは現実になりはじめます。一見、人間は肉体という固体に見えますが、別の面から見れば、静かでからっぽの、見えない存在なのです。その見えない存在が奇跡の源です。

　ヘルマン・ヘッセも『シッダールタ（*Siddhartha*）』の中でこういっています。

「あなたの中に静寂がある。それは、いつでもあなたが引きこもり、あなた自身になれる聖域である」

8章

奇跡の力を知った瞬間、
目の前の世界が
楽しくてしかたがない！

あなたが登ることのできないような高い峰はない。
地上には魂が通過しえないような試練はない。
――ラルフ・ウォルドー・トライン（思想家）

想像したことは、全部つくり出すことができる

人生が心の状態を映し出しているのとまったく同様に、世の中の状態は、私たち全体の心の状態を映し出しています。

私たちはみな、自分の考えにもとづいて、個人として、また全体の中の一人として行動していますから、今、**自分が目にしている現実は、一人ひとりの精神の現われ**です。

私がこれまで述べてきたように、自分の中で奇跡を生み出すのと同じ方法で、私たち一人ひとりが世の中に奇跡を起こすことができるのです。

私たちが生きている宇宙は、私たちの内なる宇宙とまったく同じように作動しています。人間のからだは、原子や分子、細胞、骨や筋肉などをつくり上げている数十兆の原子以下の物質からなり、今、この文字を読んでいる〝見える〟あなたは、〝見え

ない〟力でつくられて動いています。全体と部分は決して切り離せません。

誰においても、すでにこの世界に人生の奇跡を起こすために必要なものがすべて備わっています。自分の感覚を通して見ている世界は、自分が存在しているから存在しているということを、つねに知っておきましょう。

たとえば、眠っているときには、夢の世界が自分にとっての現実です。夢に出てくる人も、夢でなにをするかも、自分がつくり出していますね。

ですから、現実の奇跡の世界をつくるのも自分の仕事ではないでしょうか。

このことを理解しなければ、本物の奇跡はやってきません。自分のすべき努力を、他人に責任転嫁することはできないのです。

本書を読んだ人は、この本のメッセージを外に向かって放ったり、すばらしい奇跡のビジョンをつくり出したりすることもできます。

もし、思い描いたビジョンの中に、自分とそりの合わない人がいる場合は、その人に愛をおくり、どうすればビジョンの実現に役割を果たしてもらえるだろうかと考えてみましょう。

その人を責めたり判定を下したりするのは無意味です。

多くの人にとって一番むずかしいことは、「相手は間違っていて自分は正しい」と思わないようにすることかもしれません。

「あの人は間違っている」「この状況は不十分だ」と、なにも動かないまま批判だけをしているような人は、その人自身が間違ったこと、あるいは不十分なことに荷担《かたん》しているのです。

「絶対に間違っている」と思うようなことも、この完全な宇宙の構成要素なのです。

だからこそ、自分はその「間違い」を終わりにするという役目を担いましょう。

自分の目的に反するような生き方をしている人は、間違っているわけではありません。その人たちには、その人たちの使命があるのです。

目的を見つけるために大変な遠回りを必要としていて、今現在は、自滅的とも見える行為に走っているのかもしれないのです。

5章でも紹介したヨーガナンダは、その著書『自己実現の真髄(*The Essence of Self-Realization*)』の中で、「人間の複雑さは、魂の喜びを忘れ、その代わりに刹那《せつな》的な楽しみを追い求めたところから生まれている」といっています。

自分の心の問題に立ち返り、それを注意深く見つめていけば、スピリチュアルな変化が起こってくることに気づくはずです。

すべては「頭の中の一つの種」から芽吹く

何十年も前、私はベルリンで大学教授をしていたことがあります。国境検問所のそばに立って、有刺鉄線と警備兵と猛犬が市を分断している様子を眺めていたものです。それがいつしか誰も予想できなかった速さで過去のものとなりました。

人々の心に一つの新しい共通の意識が生まれ、新しい目覚めが、人間性を通して広がっていったからです。この勢いは何者も止められません。意識が花開くことほどパワフルなことはないからです。

個人的な意識であれ、共通の意識であれ、意識は考え方です。これがいったん魂に広がりさえすれば、現実を変えることができます。

もし、共通して考えていることが、戦争や憎悪、分裂、恐怖などであれば、そうした種は、現実世界ではっきりと現われます。

私たちは、つねに考えているとおりになるということは、ここまでの章でご説明してきました。

核の恐ろしさを知り、核の使用を許してはいけないと多くの人間が考えはじめたとき、軍縮が始まりました。競争ではなく協調という奇跡は、前向きで安全な愛に満ちた世界への第一段階です。精神的な生き方を選ぶ人たちが、ある一定の数に達すれば、その意識が現実をとらえます。

こうした変化は、政治や政策に規制されることはありません。環境に対する新しい意識も同じように表面に現われてくるからです。

長いあいだ見向きもされなかった「環境保護」は、地球への新しい意識ということで盛んに実践されるようになりました。これも奇跡です！　この地球を神聖な敬愛の気持ちであつかうべきだという意識が、現実世界に現われてきたのです。

たとえば、飛行機内のような限られた空間でタバコを吸うのはよくない、と多くの人が思ってきましたが、公共スペースでの喫煙は長らく放置されていました。

それが今や、どこの飛行機内でも禁煙が当たり前です。

そうした考えが現実になるときが、やってきたからです。

考え方は目に見えませんが、現実世界は、まさに見えない世界を反映しています。レストランの禁煙席、汚れていた河川の浄化、空港周辺の騒音防止条例、動物の権利尊重、消費者のための食品の成分表示義務など、いずれも以前は考えられなかったことでしょう。

こうした**法律や習慣も、人々の見えない心がその現実をつくってきた**のです。

現在、幸せを目指してさまざまな関心がわき上がり、世界は変化していますが、どの変化も、最初は私たちの考えの中で起きたことです。それがなければ、現実にはなりませんでした。

そして、**一人ひとりがこの変化のプロセスを担っています。**

人はどのような考えも持てるし、その考え方はその人の周囲に広がっていくでしょう。考えが現実に影響を与えるのです。

人生に豊かさを生み出すのも、貧しさにおちいるのも考え方しだい。喜びも悲しみも考え方がつくります。性格をつくるのも環境をつくるのもあなたなのです。

自分やその他何百万の人々が、同じように内なる考え方を選びとっていき、いつか人間のすべての分野で、この新しい考え方が行き渡ったときに、世界のレベルは上昇するでしょう。

「自分の心」をどう使っていますか？

自分が見ている現実の世界は、すべてすでに心の中にあります。

次の問いかけをしてみてください――「私は自分が生きているこの世界をどのように思っているのか？」と。

ふだん自分の心をどのように使っているか、よく気をつけてみましょう。

もし、自分にお金がなければ、他人にお金をあげることはできませんね。この原則は、心にもそのままあてはまります。

もし、自分の中に不安、ストレス、恐れ、怒り、緊張などがあれば、外に放てるのは、そうしたもの以外にありません。ですから、目に入る現実は、不安や恐れなどに満ちたものにしかなりえないのです。

不安やストレスや恐れなどについて、多くの人はまるでそういったものが勝手にそこにあるかのように話しますが、実際は、独立してそこに存在するようなものではありません。それでも、**不安そうに、あるいはストレスが多そうにふるまう人たちがいるのは、「行為は考え方から生まれている」から**です。

もし、ネガティブな行動を続けたくないと思ったら、「内なる声」を変えることが必要なのです。

アインシュタインは、いみじくもこういっています。

「私たちの抱える重要な問題は、つくり出したときと同じレベルの考え方では解決できない」

たとえ、**誰かに憎まれたり非難されたりしても、自分の心の中に調和と平和しかなければ、相手に調和や安らかな気持ちしか投げ返すことはできません。**

それができたとき、人は今までのその人ではなくなり、すばらしい奇跡を放つのです。

一人ひとりがそうした行ないを続けていくうちに、その調和や安らかな気持ちが広がり、多くの人々に次々と届いていくのがわかるでしょう。
環境保護運動も、ダライ・ラマ十四世へのノーベル平和賞授与も、アパルトヘイトの終焉《しゅうえん》も、人間の意識から生まれてきました。

自分が奇跡を生むことができる人間であるという考え方は、最初はなかなか受け入れがたいかもしれません。

しかし、哲学者のウィリアム・ジェームズがいうように、「新しい意識は、最初はバカげていると非難され、次にくだらないと退《しりぞ》けられ、ようやく最後にみなが知るようになる」のです。

奇跡を起こすという意識に対して、バカげている、あるいは不可能だという人は多く、そういう人たちは、これからもその考えにもとづいて生活をおくりつづけていくのでしょう。

しかし、自分の神性を信じ、自分をつくった神の知恵を信じる人も、しだいに増えてきています。

「新しい道」を歩み出していく瞬間

もちろん、いまだに戦争や破壊を支持する人たちもいます。

しかしそうした人たちは、あなたが「自分はそうした考え方に加わらない」という固い決心を試すために存在するのです。

どうやら自分はまわりと違うというだけで、自分の使命を放り投げないでほしいのです。人生のどんな場面においても、自分が「いいな」と思う物事にずっと目を向けつづけてください。

すると、悪いニュース、ゴシップ、悲劇や悲観論を強調するメディアにも、もはや関心がわきません。もちろん「改善されるべきだ」とは思いはしても、**内なる自分の声は、そうした苦しみ以上に親切、友情、平和などを広げていこうといいきかせる**でしょう。

ただ「内なる知恵を使って、人生に奇跡を起こしていこう」と、自分自身で決めたときに準備が整い、奇跡はやってくるのです。

奇跡は錯覚ではなく、内側、つまり自分が生きられる唯一の場所の中にあり、その人にとっての現実なのです。


この本も最後に近づいてきましたが、私にとってこれは奇跡の旅でした。

自分の内なる声が、さまざまな形で本物の奇跡をつくり出すことができますし、やがてこの本を手にとってくださったあなたの人生をもすっかり変えられるだろうと思っています。

古代の哲学者・フィロンもこういっています。

「家庭、町、地域、国は大きな幸福を味わってきた。たった一人の個人が善と美を気にとめたときにである。……そうした人間は、自分自身を自由に解放するだけではない。出会った人々の心を自由で満たすのである」

あなたはスピリチュアルな人間であり、善と美を気にかけている個人です。

自分自身のみならず、周囲の人々にも、奇跡をたくさんもたらしていくことでしょう。

■訳者のことば

あなたもこの不思議な力を体得できる

――「心のレベルアップ」をかなえる最高の名著

渡部昇一

私が、はじめてこの本の著者ウエイン・ダイアー博士に注目したのは、第一作『自分のための人生』（三笠書房刊、原題：*Your Erroneous Zones*）が出版されたときであった。

私はそのとき、まだ直接その本を読む機会はなかったが、毎週毎週、雑誌『TIME』などのベストセラー・リストに名をつらね、不動の一位を占めていたのにきわめて注意をひかれたものだった。

事実、これが彼のデビュー作であり、彗星《すいせい》のように躍り出て、まさに記録やぶりの大ベストセラーになったのである。

ところで、私の目から見ると、彼の主張していることは、古代ローマ末期の混乱の時代に哲人たちが精神の平和を維持するために考えた自己修養の道、別の言葉でいえば、当時のストア哲学と同じものであるという印象を持ったのである。

その哲学の根本は、その代表的な人物エピクテトスに見られるように、自分の心だけを自分として、その他は自分でないとする立場である。

「本当の自分」というのは、自分の頭でもなければ、自分の手でもなく、自分の心臓でもない。すなわち、手でも、足でも、なんでも「自分の」とつくわけであるから、結局、頭もからだも「自分」ではない。

「自分」とはなんであるかを考えつめれば、結局は自分の心、あるいは意志、意識ということになる。これだけは、間違いなく自分そのものであって、それなしではなにもなくなってしまう、ということなのである。

いわんや、自分のからださえも自分ではないという立場なのだから、自分の富であるとか、自分の名声であるとか、そういうものは、自分とは全然関係のないものだとするのである。

ある人が自分より金持ちだとしても、それは自分より金持ちというだけであって、自分より優れているというわけではない、という考え方である。非常に割り切った考え方である。

「本当の自分の中には、つねに自分の思うようになる真の自由がある」——これは、一種の「悟り」といってもよいであろう。一種の修行の道、精神修養の道、心術の鍛練法でもあったわけである。

心の奥底にあるもの

われわれの心の奥の底の底のほうには、ダイアー博士が「次元のない世界」といっている、無の空間がある。そしてそこでは、自分が好きなように考えたり、イメージしたりできる。

その次元のない、心の底の無の空間においては、自分の思うようなことができる。

そして、そこで自分の思うようにできたことは、必ずこの現象の世界に出現させることができるということを、本書ではくり返し述べているわけである。

この点において、とくに彼はイメージの重要さを強調している。無の世界の中でイメージしたことは、現象の世界でも起こるというのだ。

また、肉体と魂をいう場合、絶対に魂のほうを重んじて、魂のあり方が肉体を支配するという考え方に立っている。

本書では「神」という言葉も使っているが、彼がここに多く引用するのは、禅であり、インドの哲学であって、伝統的なキリスト教圏の神学者や、キリスト教圏の教えはあまり出てはこない。

ダイアー博士は、禅の人ならば、こんなことは昔からいっているということを本書の中でも述べている。

ただ、彼の場合は、結果としては禅と同じことを主張しているのだが、きわめて通俗的なところまでいっているのがおもしろいと思う。

たとえば、彼は瞑想を徹底的に重んじている。瞑想というのは、静慮（Dhyāna)、すなわちまさに「禅」という意味である。瞑想、瞑想とすすめるところは、禅宗で座禅、座禅とすすめるのと同じであるし、インド哲学も同じことをすすめていると思う。

ところが、その彼の体験においては、瞑想し、頭の中に描いたことが実際にこの世の中で起こる、それも物質的な形をとって現われるということが、禅宗、あるいは、東洋の宗教とは違うところではあるまいか。

現代の人々にアピールするところも、そこにあるのではないかと思うのである。

彼のいっていることは、いずれも、彼自身がカウンセリングをしたり、考えたり、読んだりして納得したことばかりであって、徹底的にまじめである。そして、瞑想すればすべてに限界はないということをしきりに説いているのである。限界というのは、物質の世界の特色であるが、魂や精神の世界では、限界がないということが特色になる。

瞑想中、自分の心の中で限界を破った発想をすれば、現実の場でも、今まで自分にはできないと思っていたことが、心の中で起こったことに相応じて現実の世界にも起こるということをくり返してやまない。

彼は、肉体を持った人間が魂を持つというよりは、魂が肉体を持っていると主張する。つまり、魂のほうにウエイトをかけているのである。

そして、限界にとらわれずにイメージしたことは、必ず外界に起こるという。そうすると、現実に不幸な人たちはどう解釈されるべきであろうか。

これは、ナポレオン・ヒルだとか、マーフィー、ピール博士の本などにも共通してくるが、一見不幸な人に同情が薄いという印象を与えるのである。

事実、ダイアー博士がある番組で、「精神世界で起こったことは現実に起こる。精神世界で豊かなことを考えれば現実の世界でも豊かになれる」ということを述べたところ、貧しい人に同情がないと批判されたといっている。ところが一方で、ダイアーのいうとおりだという賛成の声も多かったそうである。

このことは、本書の中にも書いている。

中南米に住む兄弟姉妹の多い貧乏な家庭に育った子どもが、医者になりたいという夢を抱いた。他の兄弟姉妹は医者になることなど夢にも思わなかったが、その子どもだけは、イキイキとその夢を描きつづけたので、彼は本当に医者になって現在は豊かな生活をおくっているというのだ。ところが他の兄弟姉妹はそうした夢を抱かなかったために、依然として貧乏なままであるという。

ダイアーは、少なくともアメリカのような自由な国において貧しいのは、イメージが豊かに描けないからだといいきっているのだ。

「奇跡を起こす力」のある場所の見つけ方

すべて外が変わるのは、内から変わるのである。内から変わった人の数が多くなれば社会が変わる、という指摘をしているのである。

心の中で、ダイアーのいうような「目覚め」を持っている人がある程度以上増えると、今まで考えなかったようなことが社会に起こるという。

たとえばダイアーは、かねてから飛行機のような閉ざされた空間でタバコを吸うのはよくないと思っていた。そう思っていた人は、はじめは少数だった。しかし、そう思う人がある程度増えてくると、飛行機の中で喫煙する人はだんだんかぎられてくるようになる。その他の公共の場でも、喫煙の場はしだいに限定されてくるのである。

環境保護でもそうだ。

ついこのあいだまでなにも考えなかったようなことでも、「それはいけない」と心の中で考える人がある程度増えると、数年前までは考えられなかったようなことが社会現象として起こる。ダイアーはこのような見地から、まず個人の覚醒をうながしているのだ。

ダイアーは、自分の本を書くにあたって、一種の使命感があったのではないかと思う。

この本を読む人が増えてくれれば、世の中がいいほうに変わる。そして、自分の決意、自分の意志で、自分の頭の中をプラスのほうに切り換えて、それによって、現実の生活もよくなる人がそれだけ増える、そうなれば社会全体の質もよくなるはずだ、という確信があるように思われる。

私がダイアー博士の著作に関心を持っているのも、考えてみれば一人でも多く、自分の一番変わりやすい部分——すなわち自分の精神を自分の内省、自助努力によって改革していってほしいからである。

たとえば、散歩するかしないか、などということは、いつでも自分で決められることである。毎日散歩しようと決めれば、一人ひとりの健康は確実に増進する。

また、つねに明るいイメージを抱いていれば、ダイアー博士がいうように、物質的にすら恵まれることに連なるであろう。

よりよくなった個人が一人でも増えることが、社会が実質的によくなるということの本当の意味ではあるまいかと考えている。

この意味においても、私はダイアーの本が一人でも多くの人に読まれ、一人でも多く、自分の心の底の「奇跡を起こす力のある場所」を発見し、それによって、自分の人生をさらにすばらしいものとすることを期待したいと思う。

本書は、小社より刊行した文庫本を単行本化したものです。

準備《じゅんび》が整《ととの》った人《ひと》に、奇跡《きせき》はやってくる

著　者――ウエイン・W・ダイアー
訳　者――渡部昇一（わたなべ・しょういち）
発行者――押鐘太陽
発行所――株式会社三笠書房
〒102-0072 東京都千代田区飯田橋3-3-1
電話：(03)5226-5734（営業部）
：(03)5226-5731（編集部）
https://www.mikasashobo.co.jp
印　刷――誠宏印刷
製　本――若林製本工場

ISBN978-4-8379-5814-7 C0030